U1008648

英语写作
教学理论与实践新探索

曾屹君 / 著

吉林出版集团股份有限公司
全国百佳图书出版单位

图书在版编目（CIP）数据

英语写作教学理论与实践新探索 / 曾屹君著. -- 长春：吉林出版集团股份有限公司, 2021.12
ISBN 978-7-5731-1041-1

Ⅰ. ①英… Ⅱ. ①曾… Ⅲ. ①英语－写作－教学研究 Ⅳ. ①H315

中国版本图书馆CIP数据核字(2021)第274686号

YINGYU XIEZUO JIAOXUE LILUN YU SHIJIAN XINTANSUO

英语写作教学理论与实践新探索

著　　者　曾屹君
责任编辑　冯　雪
装帧设计　马静静

出　　版　吉林出版集团股份有限公司
发　　行　吉林出版集团社科图书有限公司
地　　址　吉林省长春市南关区福祉大路5788号　邮编：130118
印　　刷　北京亚吉飞数码科技有限公司
电　　话　0431-81629712（总编办）　0431-81629729（营销中心）
抖 音 号　吉林出版集团社科图书有限公司 37009026326

开　　本　710 mm × 1000 mm　1 / 16
印　　张　13.75
字　　数　218 千字
插　　图　2 幅
版　　次　2022 年 4 月第 1 版
印　　次　2022 年 4 月第 1 次印刷

书　　号　ISBN 978-7-5731-1041-1
定　　价　78.00 元

如有印装质量问题，请与市场营销中心联系调换。0431-81629729

FOREWORD 前言

英语作为一种国际性的语言，越来越多的人将它作为第二语言或外语在学习和使用。随着全球化的进一步发展，英语的重要性越来越得到凸显。学习英语这样一门外语，往往需要培养听、说、读、写、译五个方面的基本技能，其中听和读属于输入性的技能，说、写和译则属于输出性的技能。相对来说，培养和熟练掌握输出性的技能要比培养和掌握输入性的技能困难一些。然而，当前人们越来越频繁地进行国际性的交流，英语输出性的技能就显得格外的重要。

写作，也称作书面表达，是指运用文字来表达思想、传递信息的一种交际手段。在口头语言交际中，说话人可以借助表情、手势和语调的抑扬顿挫等有形的手段把自己的意思表达清楚，而书面表达却不具备上述条件。在书面表达中，文字材料是思想内容的唯一载体，因此它要求语句通顺、条理清楚、文体规范。这样的文章可以将作者的意图准确无误并有效地传递给读者。要达到有效地进行书面表达，文章必须满足以下三个条件：语言正确；条理清楚；文体规范。

语言正确是写作的前提。单词拼写不正确、语句结构混乱便不具备写作的基础。条理清楚是文章达意的必要条件。文章不连贯、语无伦次便失去了文章的意义。文体规范是文章的外部特征，无论段落还是文章都要符合一定的模式和标准，只有符合既定规范的文章才易于被读者接受。可见，语言正确是基础，条理清楚是灵魂，文体规范是外观。只有做到三者有机统一，我们才可以称其为一篇好文章。为提高学生在以上三个方面的能力，直至最终写出规范的英语文章，作者在参阅大量相关著作文献的基础上，精心策划并撰写了《英语写作教学理论与实践新探索》一书。

本书共有九章。第一章绪论作为全书开篇，主要介绍了什么是写作、写作的心理机制、写作的前期准备，从而为下文的展开做好铺垫。第二章探讨了英语写作教学的理论，涉及英语写作教学的理论基础、英语写作教学中存在的问题、英语写作教学的原则与方法。第三章研究了英语写作教学中的语言差异，包括英汉词汇、句法、语篇、修辞差异。第四章分析了英语写作教学中的常见技巧，如词汇写作技巧、句子写作技巧、段落写作技巧、语篇写作技巧。在上述章节理论的基础上，第五章论述了英语写作教学中的表达方式，包括描写文、记叙文、说明文、议论文这四种体裁的写作。第六章探讨了应用文体的写作教学实践，涉及英语书信写作教学、英语通知及其他常见应用文体写作教学。第七章至第九章主要针对商务英语文体、科技英语文体、广告英语文体、新闻英语文体、法律英语文体、旅游英语文体这几种文体的写作展开了探讨与分析。

总体来说，本书理论与实践兼备，不仅为英语写作学习者提供了科学的理论指导，也对相关从业者有所启发。为确保本书内容的严谨性与科学性，作者在撰写过程中参阅了大量相关文献，也引用了众多专家学者的观点、意见，在此谨对他们表示最衷心的感谢。由于时间仓促，书中难免有疏漏之处，敬请广大读者批评指正。

作者

2021年3月

CONTENTS 目录

Chapter 1 第一章

绪论

写作作为一项输出技能，其过程是十分复杂的，需要写作者调动大脑中的英语知识储备，利用英语思维，写出地道的英语篇章。写作技能的提升不是一朝一夕就可以实现的，需要学习者持之以恒，付出不断的努力。本章作为全书开篇，首先介绍什么是写作、写作的心理机制、写作的前期准备这三个层面的知识内容，从而为下文的展开做好铺垫。

第一节　什么是写作

什么是写作（writing）？这个似乎不成问题的问题，反映了人们的不同认识。有人认为它是一种“艺术”；有人认为它是一种“能力”；有人认为它是一种“工具”；有人认为它是一种“行为”；有人认为它是一个“过程”……客观地说，虽然这些解释揭示了部分真理，但离写作的本质内涵似乎还有一定的距离。

我们要学习英语写作（English writing），要提高写作水平，必须从认识写作的本质开始。只有这样，才能理解“写作”的内涵。写作的含义很广，要给它下一个科学的定义，并非易事。

写作是作者对主、客观世界的反映。写作是一种复杂的精神活动，是主客观统一的精神产品的生产过程。文章是客观事物的反映，但是客观事物并不就是文章。客观事物是独立于作者意识之外的，它必须经过作者头脑这个加工厂的加工提炼才能变成文章。就文章的形成而言，作者至少需要三个过程。首先，需要感悟生活，大量阅读，摄取丰富的写作素材。接着是对素材的加工提炼过程，包括取舍材料、提炼主题、决定文体和写作方法等。最后才借助适当的组织结构、语言文字符号以及表达手法，把特定的内容表现出来，使之成为语义连贯的文章。

同时，写作是一种有目的的社会行为。写作是人类的一种社会实践活动，其目的性很强。不管是叙事写景、论理状物，还是表情达意，无不寄寓着写作者的思想感情、观点和主张。譬如，学生用英语写日记，是为了记录自己的心迹，提高英语写作水平；写会议通知，是希望与会者按时出席；给笔友写信，是希望朋友了解自己的情况和要求。凡此种种，都充分说明写作者都有其鲜明的目的，都希望自己的作品产生一定的社会作用。完全没有目的的写作活动是从来没有的。因此，我们提倡为了适应将来的工作和参与国际竞争的需要，勤奋写作，努力提高外语写作水平。

写作还是一种极其复杂的创造性脑力活动，主要表现在以下两个方面。

第一，写作要有丰富的知识结构。写作的客体不是一事一物，而是万事万物。小至草木泉石，大至宇宙太空，上下几千年，纵横百万里，无不是写作所要反映的客观事物。写作者的英语知识越丰富，写作时就越方便；生活积累越深厚，写作时就越顺利。词汇学、修辞学、语法学、语言学，一般写作原理，各种写作技巧，所有这一切写作者都不能不加以学习和钻研。

第二，写作要有复杂的技能结构。写作能力的构成不是单一的，而是各种能力的综合体。写作要求作者具有多方面的素养和技能。在写作过程中，作者必须充分调动思维能力、生活积累、语言知识、写作技巧等多方面的储备。写作是语言文字、符号的书面表达。文章是客观事物的反映，但反映客观事物、反映人类社会生活的艺术，不止文章一类，而是多种多样的，比如音乐、舞蹈、绘画、电影、电视等。各种艺术形式都反映社会生活，但它们各具特色，很不相同。比如舞蹈是运用身段、动作、表情、姿态，甚至服装、布景、灯光等来达到表现效果的。文章则迥然不同，它是使用语言文字，尤其是书面语言来反映生活。

可以说，没有文字，没有书面语言，就没有文章。但文章使用的语言文字、符号无声无色，只能冲击读者的视觉。如果没有足够的词汇量，没有恰当的语言运用技巧，再好的思想内容也构成不了好文章。由此可见，作者必须掌握大量词汇，通晓组词成句、连句成篇的各种技巧，熟练地驾驭语言。

综上所述，写作是人类运用语言文字、反映客观生活及主观情感的创造性精神劳动。

第二节　写作的心理机制

写作既是行为过程，又是心理过程，是主观和客观相统一的精神生产过程，更是主体高度集中紧张的创造过程。只有了解了写作的心理机制，才能达到写作的基本要求。

一、由视觉到运动觉

我们所说的心理机制，其实是从视觉到运动觉的过程，视觉活动则是书写训练的起点，当写作者要写作的时候会先通过观看书写规范，进而在大脑中形成对英文字母的明确的印象，这个印象直接影响后续作者模仿的准确性、效率性，书写的过程就可以概括为观察—临摹—自主—熟练，模仿虽然具备鲜明的动觉型特征，可又与视觉有无法分割的联系。

二、书写技巧动型化

由一个动作引起另一个动作的这种具有连贯性的书写技巧，我们称为书写技巧动型化，这种书写过程是自动化的，并且有起有落，达成了高度的熟练化，想掌握基本的写作，必须在这一层面达到基本的要求。动型化书写技巧的应用从字母、标点扩大到词汇句子，表现为一个字母的书写引起下一个字母的书写，一个单词的书写引起下一个单词的书写，在这个过程中不会涉及动脑想象这个字母、这个单词的拼写情况，而是一个连贯的动作，会大大提高书写的速度。

三、联想性的构思能力

联想性的构思，顾名思义是能够反映出人对各个事务或者现象之间关系的一种认识，比如因果的关系、种属的关系、空间的关系、时间的关系、层次的关系等，是写作心理机制的关键所在，是一种具体的思维方式。无论任何文章，写作时都离不开观察、思维、想象、联想，想要增强写作者对英语上下文关联的感觉就需要这种联想性构思，也就达到了让文章中的词语、句子与题目、中心故事情节环环相扣、彼此相连，不再是单独的部分。

四、演进式的表达技能

所谓演进式表达技能，是指将思维定式、想象层次、言语连贯等融合为一体，使写作者的写作条理清晰，并且迅速。它是联想性构思能力的一种具体表现。

第三节　写作的前期准备

一、找到写作动机

（一）动机的含义

动机是推动人从事某种活动，并朝一个方向前进的内部动力。它是一种内部心理过程，不能直接观察，但是可以通过任务选择、努力程度、活动的坚持性和言语表示等行为进行推断。而写作动机是指驱使写作者投入创作活动的内在动力，具有自发性与自觉性。它可以是为了表达自己的情感，或者是想要与别人分享自己的一些资源，抑或是希望自己的观点获得别人的支持。

（二）写作动机的作用

动机对人类的行为有着非常重要的作用，要想进行写作，先决条件是要产生动机，写作动机一旦发生，就会促进和推动写作行为的进行。具体来说，动机在写作中有以下作用。

1.动机引发写作

一般而言，写作总是有一定目的，是由一定的动机所引起的，没有动机也就没有写作。动机是写作的原动力，它对写作这一活动起着始动作用。动机是需要的动态体现，所以说任何写作总是带有动机的。正是在某种或几种动机的推动下，才促使人们拿起笔进行写作。

2.动机激励写作

动机对写作具有维持和加强作用，强化写作行为以达到目的。不同性质和强度的动机，对写作的激励作用是不同的，动机强比动机弱具有更大的激励作用。动机强度对写作活动的唤起、维持、强化和调节作用影响很大。在写作过程中，动机总是非常顽强地控制着我们按既定目标前进，激励我们完成写作。

（三）写作动机的产生与发起

1.源于生活和知识的积累

写作动机是客观事物、社会生活在作者心理上产生的反映和影响，促使作者在客观事物、社会生活的触发和刺激下启动构思，这是启动构思的物质基础和必然性。因此，写作离不开生活的积累。没有生活的积累当然就不会形成写作的积淀意识，更不会触发写作的灵感。写作更离不开知识的积累，我们之所以能写好一篇文章，这与个人的知识内涵是密不可分的。[①]丰富的生活经验和广博的知识，不仅给作者提供了大量的写作信息，而且可以激发作者的写作欲望，充分调动作者的创造力和想象力，使文章写得更充实，更准确，更生动，更优美。

2.受到情绪情感的激发

当一个人被外界事物所深深感动时，就会产生对人生价值的执着追求，就会极大地激发起创作的热情和欲望，使得他不可能对眼前的问题熟视无睹，漠不关心，就会产生一种强烈的创作冲动，形成一种极其敏锐、活跃的创作心境，推动着作家进入创作过程，对作品加以构思和布局。

3.培养正确的写作动机

写作是一种个人行为，同时也是一种社会行为。因此，我们应从社会和个人两个方面去考察写作动机应具备的品格，从而培养正确的写作动机。

（1）社会方面

写作总是在一定的范围内，对社会产生影响。一个有道义感和社会责任

① 姜涛主编.大学英语写作教学理论与实践[M].长春：吉林出版集团有限责任公司，2009.

感的作者，总是努力使自己的作品对社会的发展和进步起到推动作用。他总是紧随时代，贴近民众，不懈地追求着真善美。只有这样的作者才会被社会接纳，受大众信赖。所以，要想成为一个有作为的作者，就必须时刻关注社会的发展，了解社会的需要，自觉地把社会的需要转化成自己的需要，把社会动机转化为个人动机。

（2）个人方面

写作又是一种个别劳动，每一个作者都必须对写作有一个正确的认识。写作是生活中不可缺少的一部分，我们必须像对待生活一样真诚地对待写作。不要把它看作闲来无事的无谓消遣和吟弄风月的把戏。将写作看成一种切己的需要，把这种切己的需要变成写作的动机。写作使人成为有存在价值的人，使人拥有了精神家园。一个人要实现自我价值，是不可能离开写作的。这个人，无论他从事什么职业，担任什么职务，经济情况和社会地位如何，他所创造的业绩、思想上的成果，最终都体现在写作上。

二、使用计划策略

写作过程就好比是足球教练在比赛前针对对方球队的特点与出场情况提出对策。不论是完成创作，还是为了应付任务，写作者都应该有一个一般的“对策”。成功的写作者并不只是听课、作笔记和等待他人布置测查的材料。他们会预测完成写作需要多长时间，在写作前获取相关信息，以及使用其他各种方法。换句话说，成功的写作者是一个积极的而不是被动的写作者。所以在写作时，作者要学会使用一些策略去评估自己的理解、预计写作时间、选择有效的计划来学习解决问题，以及如何去改正自己。此外，写作者还要能预测可能会发生什么，或者能说出什么是明智的，什么不是明智的。因此，要确保写出合格的文章，就应该事先做好充分的准备，周详的计划，合理的研究以及适当的提问。①

---

① 姜涛主编.大学英语写作教学理论与实践[M].长春：吉林出版集团有限责任公司，2009.

三、提出话题

所谓话题，就是谈话的中心。在进行写作活动之前，要先提出一个话题，用以指定写作的范围，然后根据话题的指向性来自拟题目进行写作。自拟题目可以从以下几个方面考虑去选择话题：将自己的专业知识或自身所擅长的技能讲述给他人听；在自己所处的文化背景中寻找话题；选择最让自己感动的事。比如，第一次演讲、参观文明古迹等；选择那些自己想要了解和学习的话题。比如，电脑程序编辑，以现在所学的专业今后会从事哪些事业等；可以上网搜寻话题，利用网上的搜索目录寻找自己感兴趣的事。

确定了话题以后，就要开始寻找与话题相关的素材，对话题进行各个方面的探索，这是一种开拓性的创作活动，运用一些策略帮助回顾对话题已知的信息，并以新的视角和思路重新审视它们会有新的收获。下面是一些有效的关于展开话题的策略。

（一）头脑风暴

头脑风暴是由美国创造学家奥斯本于1939年首次提出的，是一种激发集体智慧产生和提出创新设想的思维方法。它广泛地用于创造性思维活动中，其目的是诱发一些新奇问题中许多可能的思想或解决问题方法。头脑风暴法的核心是人的创造性想象力。头脑风暴法是为了克服阻碍产生创造性方案的遵从压力的一种相对简单的方法。它利用一种思想产生过程，鼓励提出任何种类的方案设计思想，同时禁止对各种方案的任何批评。用头脑风暴寻找新的素材是一个激发想法和产生信息的好方法。简单地说，就是列出所有与话题有关的内容，可以由一个想法自由联想到另一个想法。因此，所列的顺序并不重要，要让思维围绕话题宽幅扩展。要把所想到的全部都记录下来，因为我们不可能知道哪一个信息过后会变得很有价值。要快速记录，如果停顿了，可以重读已写的信息，这样会有新的思路，运用头脑风暴策略进行写作的时间至少要多于5分钟。“头脑风暴法”在写作教学中的应用有助于激励学生有创意地写作。使学生思维高度活跃，能打破常规的思维方式而产生大量创造性设想的状况。学生们在讨论过程中不断产生新观点，当学生们认为已经把有关这个话题的观点都想到了时，就可以编辑清单的内容，形成一个初始提纲，将其融入写作当中。[①]

（二）环环相扣法

环环相扣法即把作者的想法像圆环一样，一环扣一环发展下去。比如，在探索话题相关素材中，作者对哪一点感兴趣，就可以针对这一点展开探索和创作，这就是一环。如果作者在这一环探索中又发现了新的感兴趣的信息，可以再对这个新的信息进行开拓和创作，这就是新的一环。这样一环扣一环、环环相扣地发展下去会极大地丰富写作的素材和想法。环环相扣最大的特点就是：不用明显的语言标志来连缀全文，而通过文章内在的逻辑关系构思全文结构。[②]但组成文章结构链上的每一个环节，关系必须十分紧密，不能有任何的不协调，这种形式特别适用于哲理思辨类文章。

（三）戏剧提问法

对话题进行提问并写出答案可以帮助你客观地看待这个话题，或发现新的可能性，也可以为观点的展开提供结构。戏剧提问法通常由六个基本问题组成：发生了什么事？（What happened?）——指行动（the action）；都有谁？（Who was involved?）——指行动者、参与者（agents，spectators，and anyone else affected by it）；什么时间和地点发生的？（When and where did it happen?）——指背景环境（the setting）；怎样发生的？（How did it happen?）——指方式方法（the method）；为什么会发生？（Why did it happen?）——指原因或动机（the cause or motive）；有什么影响？（what effect did it have?）——指结果（the consequence）。

下面这个例子的话题是“the effect of acid rain on trees”，是戏剧提问法在实际中的运用。

What does acid rain do to trees? What happens to their leaves? What do their

---

① 姜涛主编.大学英语写作教学理论与实践[M].长春：吉林出版集团有限责任公司，2009.

② 姜涛主编.大学英语写作教学理论与实践[M].长春：吉林出版集团有限责任公司，2009.

roots do? What happens to the bark and branches?

Who is responsible for acid rain? If it comes from the burning of high-sulfur industrial fuels, which industries are burning them? Who runs those industries? And who is affected by the damage that acid rain does to trees?

When and where does acid rain affect trees? What parts of the world or the country are most affected? How does a forest appear after an acid rainfall? How often does acid rain fall?

How does acid rain develop? How does the acid get to the clouds? How do the clouds canny the acid to the forests?

Why does acid rain occur? Is it because we are burning too much fuel? Is it because we are using the wrong kind of fuel? Is it because we care more about promoting industry than protecting the environment?

What effect does the damage to trees have? How does if affect the timber supply?

What does it do to birds and other wildlife? How does it affect people living near forests or elsewhere? Does acid rain reduce the capacity of trees to absorb carbon dioxide? If so, how much more global warming will result?

通过提出这些问题，可以有效开拓思路，探寻更多的素材。

四、确定主题

一般来说，在写作目的中已经明确了所写的方向，而后在主题句中要清楚地表明要对读者说的是什么。主题句要表述明确，如果有能力的话尽量控制在一句中。清楚明了的主题句会使读者准确理解文章所要表达的意义，而模糊不清的主题句则使人疑惑不解，所以主题句必须有明确的观点。看下面的例子：

As an opinion

College is not for everyone.

As an observation

My high school education was a waste of time.

As a suggestion

Computer literacy should be a requirement for all undergraduates.

As an attitude

I want my life to be better than that of my parents.

As a question

What is friendship?

Chapter 2 第二章

英语写作教学理论阐释

在英语技能教学中，写作教学是其重要的一部分。通过写作教学，学生能够不断提升自身的写作能力与思维能力，提升自己情感表达的水平，从而促进自身写作学习的动机。写作是人们传达思想与情感的一种书面形式，其与口语是同等的地位，不是口语的附属品，都属于对语言的重要输出。本章主要研究英语写作教学的理论阐释，涉及英语写作教学的理论基础、英语写作教学中存在的问题、英语写作教学的原则与方法。

第一节　英语写作教学的理论基础

一、过程教学法理论

（一）过程教学法理论的内容

20世纪70年代，过程写作法开始风行以前，在西方英语写作教学领域占主导地位的是“当代—传统修辞教学法”，后来，为了与“过程教学法”区别开来，人们称之为“结果教学法”。顾名思义，“当代—传统修辞教学法”是古希腊修辞学在当代写作教学中的延续，教学的重心是文章形式是否恰当，语法是否准确。在教学实践中就表现为教师对写作“结果”即作文的重视。

所谓的写作练习，就是学生按照教师命题的要求写成作文，然后由教师根据语言形式和语法的准确性评估打分。教师评估的目的主要在于给学生产出“结果”即作文质量进行优劣评价，而不在于提供参考意见以便修改提高。实际上，这种教学法不仅风行于母语写作教学领域，在外语教学领域也如此。在中国，结果教学法至今仍在大学英语写作教学中占据绝对主导地位。然而，写作是一种复杂的、循环式的心理认知过程，思维创造过程和社会互动过程。

（二）过程教学法理论对英语写作教学的启示

（1）英语写作是一个发现、适应、同化的认知过程。学生要学会独立思考、收集材料、组织材料，对材料加以内化，并从中发现规律、掌握原理。只有这样，学生才能创造性地运用语言知识，写出好文章。

（2）写作一方面要培养学生的外语表达能力，另外一方面还要培养他们分析社交场景、读者心理以及交际目的和效果的能力；同时写作的根本任务是交际，是培养实际的交际能力，因而要尽可能使教学过程生动化、情景化。

（3）同伴互评对修改稿的影响；同伴评价的质量问题；学生识别需要修改的问题的能力；学生对同伴评价态度如何；同伴互评的互动过程表现如何；学生对同伴互评过程及其有效性看法如何；影响同伴互评的因素等均需要在教学中给予重视。

（4）教师是否组织、如何组织学生进行小组讨论，以及如何对学生的作文做出有效的反馈是过程教学法能否成功的关键。

（5）英语教学中学生的社会文化背景对他们外语写作能力的提高具有较大影响。在基于网络的过程性写作中要融入社会文化历史的因素，在教学中应该激发人与社会互动的积极作用。

（6）在尊重学生主体性、注重写作过程的同时，也要认识到学生在写作过程中需要语法结构知识，需要模仿，需要提高各种写作技巧。

二、任务型教学理论

（一）任务型教学理论的内容

所谓任务型教学，简言之，就是“用语言做事”（learning by doing）的语言教学方法，把语言应用的基本理念转化为具体实践意义的教学方式。在用语言做事的过程中，学习者始终处于一种积极的、主动的学习心理状态，任务的参与者之间的交际过程也是一种互动的过程。为了完成任务，学习者以“意义”为中心，尽力调动各种语言和非语言的资源进行“意义”共建，以达到解决某种交际问题的目的。完成任务的过程催化了学习者自然的和有意义的语言应用，营造有利于学习者习得和内化的支持环境。

任务型教学中的“任务”，不同时期的研究者从不同侧面给出了不同的定义。Skehan 对“任务”作了比较客观全面的描述。他提出任务具有以下五个主要特征。

（1）意义是首要的；

（2）要解决特定交际问题；

（3）与真实世界中类似的活动有一定关系；

（4）完成任务是首要的考虑；

（5）根据任务完成情况进行评估。

任务型教学起初就是在外语教学领域兴起的，随后又在哲学和社会科学领域的最新理论指导下不断发展成熟，因而对外语教学具有特别重要的指导意义。二语习得研究者对儿童母语习得过程进行研究，认为儿童之所以能够成功习得母语，不在于他们对语言形式本身进行分析，而在于通过对语言输入进行归纳，并且进行语言输出的练习。二语习得过程与母语习得过程有着共通之处。和母语习得一样，第二语言学习的实质条件是真实的语言环境、大量的目的语接触（输入）和运用（输出）机会以及学习者之间的意义协商，而任务型教学就可以创造上述条件。之所以选择与生活相关的交际任务，是因为它能够为学习者营造自然的语言学习环境。在完成交际任务的过程中，学习者之间的互动和意义协商能够为他们提供语言输入和输出的机会，这种活动本身就能够推动学习者语言能力的发展。

（二）任务型教学理论对英语写作教学的启示

（1）英语写作教学要遵循互动性原则、语言材料的真实性原则、过程性原则、重视学习者个人经验对学习的促进作用原则以及课堂语言学习与课外语言使用相关性原则。

（2）英语写作教学应该强调学习过程的互动性。写作任务的设计要与学生的实际生活相关，以此激发他们的学习兴趣，促进积极的认知参与和自主学习，借助任务为学习者提供与教师、同伴和学习客体（语言）交流互动和意义协商的机会和条件等。

（3）英语学习要重视利用目的语（target language）进行交际；尽可能营造真实的语言环境；教学中所设计的教学活动能够使学生不仅关注语言形式，而且关注语言学习的过程；重视学习者个人经历；将课堂语言学习与课外语言激活相结合。

三、外语学习语境补缺假设理论

（一）外语学习语境补缺假设理论的内容

外部环境尤其是学校教育对学生的心智发展起着重要的作用。对于智力发展水平相近的学生，采取不同的教学模式，在不同的环境中学习，就有可能取得不同的智力发展效果。地方院校的大学英语学习，受制于汉语大环境的影响，尽管近几十年来学习英语的环境氛围变化很大，但是外语环境的千变万化，并没有从根本上改变我们是在汉语环境下学习英语的属性。

母语思维方式对英语学习的影响可以说无孔不入，无处不在。当前大学英语非英语专业的学习现状仍是不能令人满意的。王初明教授提出的语境补缺假设理论认为“语言与语境知识的有机结合是语言正确流利使用的前提。由于外语环境缺少与外语表达方式匹配的真实语境，在外语理解、习得和使用的过程中，大脑中的母语语境知识介入补缺，进而激活与母语语境知识配套的母语表达式，母语迁移因此而发生，影响外语学习。补缺不是指因外语表达式的欠缺而由母语结构去替代，替代的发生是语境知识补缺的结果”。

真实的语境最能告诉我们哪些语言结构是本地人说的，哪些是本地人不说的，因而能够制约规则及其例外的应用。长期大量的语言接触有助于培养这种语感。在理想的情况下，语言形式理应在自然的语境中学习。不能获得这种条件，也要设法利用多媒体手段，间接获取真实的语境知识，促进英语学习。

（二）外语学习语境补缺假设理论对英语写作教学的启示

（1）充分利用网络为大学英语写作学习创设丰富的输入环境，立体的、真实的语境可以帮助学生建构容易理解的语言信息和语言文化图式的输入。

（2）在英语写作过程中，学生如果不掌握大量的一般词语的搭配，要想达到流利使用的水平是不可能的。词语搭配能力是语言学习者的核心，直接关系到学生写作思想表达的流利和准确程度。

（3）教师要在网络自主学习过程中为学生创造大量的可理解的语言输入机会。多样化的语言输入可以为学习者提供足够的接触语言的机会，是提高大学英语写作教学质量的先决条件。

（4）提高英语写作教学质量的关键因素之一在于能够推动学习者对语言进行深入加工。学生书面表达能力差的一个重要因素是他们对语法、句法的掌握还停留在表面上，没有理解句法、语法深层次的意义和功能，还需要更多的写作练习和指导，才能够在书面语言中灵活运用来形成衔接、连贯的篇章。教师要利用各种任务和活动为学生创造输出机会，对学生的输出提供恰当的反馈。随着学生语言水平的提高，他们的语言准确性与流利性都会得到提高。大量接触或使用语言有助于加大语言各层次以及情景语境的互动整合。

（5）无互动便无语境，语言使用离不开语境实则是离不开互动，因此，促进外语学习的语境问题便可归结为采用何种互动方式的问题。我们学外语，不仅要学正确的语言形式，还要学与正确外语形式匹配的真实语境。

四、人本主义理论

（一）人本主义理论的内容

20世纪以后，许多心理学家慢慢认识到行为主义和认知主义理论并不能恰当地探讨人类的思维能力、情感体验与学习过程等等一系列问题，过于严格的研究方法，没有关注到人之所以为人的实质，心理学学习理论的研究出现了明显的机械决定与动物化的倾向，有明显的生物还原倾向。出于对行为主义学习理论与认知主义学习理论中存在的严重贬低人性和非人性化倾向的不满，20世纪60年代，美国心理学界出现了一场规模较大的运动，美国的人本主义心理学会于1962年成立，第一任主席是布金陶（Bugental），这标志着人本主义学习理论得到了学术界的认可。罗杰斯对人本主义理论论述较多，他的《自由学习》一书多次再版，专门讨论学习的问题，他也参与了其他学习理论的论述工作，为学习理论中的人本理论做出不朽的贡献。

（二）人本主义理论对英语写作教学的启示

1.人本主义理论在教学中的应用

人本主义心理学的写作教学理论虽然尚没有形成一套完整的理论体系，

但是为教育理论的构架提供了良好的基础，特别是在教育目的上，强调发展人性，注重创造潜能的启发，引导认知与经验的结合，注重人的理性与情感的均衡发展，使学习者肯定自己，进而促进个体自我实现。在教学思想和实践上，主张以自我发展为目的，一切教育方式方法要适合学生的需要，促进学生发展。这些主张反映在学生中心模式及与其相关的开放教育、自由学校、合作学习和自主学习上。在写作教学教育方法上，重视以人与社会的实践为学习内容，注重师生共同设计、共同解决问题并在实际行动中学习。

（1）人本主义课程理论。人本主义课程又称作“以人为中心的课程”，是20世纪70年代西方教育发展的主要方向，也是人本化教育在课程论上的典型表现。它肯定人的情感、情绪和感情的重要性，坚持课程要从学生作为整体这一立场出发研究，主张统一学生的情感和认知、感情和理智、情绪和行为，强调开发人的潜能，同时促进人的自我实现。

人本主义课程的主要特点：承认学生的写作学习方式同成人的研究活动有着本质的差异；尊重学习者的本性与要求，强调认知与情感的整合发展；学校写作教学课程必须同青少年的生活及现实的社会问题联系起来。根据以上所述的人本主义课程的特点，人本主义者坚持学校课程应该人本化，主张开设三种类型的课程：

第一，体验课程（experiential curriculum）：是指通过认知与情感的统一，唤起学生对知识的探求以实现整体人的发展的课程，又称为自我实现课程。它包括综合运用各门学科的知识，在新开发的课程里体验学习。

第二，情感课程（affective curriculum）：是指健康、伦理及游戏这一类用在发展非认知领域能力的课程。它包括发展人的情绪态度、价值、判断力、技能熟练、音乐美术，以及经过部分改革的体育、健康教育、道德、语文、家政等学科。

第三，学术课程（academic curriculum）：指理解和掌握自然科学、社会科学和人文科学的学术知识课程。这不仅是学术中心课程所追求的内容，而且是人性中心课程所应包含的学术水准。

（2）学生创造性的培养。人本主义学习观认为写作教学的目的是促进个人的自我实现，想象力和创造性的启发就是人本主义教学目标的重点之一。人本主义者马斯洛认为写作教学上的创造性应分为两种：一种是学生特殊才能的创造，并非人人都能具有，也不是一般传统教育所能实现的；另一种创造性是指个体自我实现的创造，这种创造性是针对每一个心智健全的受教育者所应具备的处理新经验、应付新情境的能力而言的，所以说学校写作教学的主要任务是促进自我实现的创造。罗杰斯认为创造性可以分为破坏性的创造性和建设性的创造性，而教学中培养建设性的创造性的前提条件是心理自由感（psychological freedom）和心理安全感（psychological safety）。

心理自由感是指允许个人有自我表达的自由，使其自由地思考和感觉来增进其经验的开放性以及知觉和理解的轻松自如和自发性；心理安全感是指无条件地接纳别人和其他新鲜事物，在写作教学中体现为教育者提供没有外在评价的轻松气氛以及移情理解受教育者。人本主义教育家认为，培养学生的创造性应注意以下两个因素。

第一，为受教育者提供充分的学习机会。良好的学习机会是影响个人潜能发展的一个十分重要的因素。个人内在的知识结构的内容与品质常与其以往的经验相关，因此教师必须注意指导学生学习生活的体验与经验，以提供自我学习的机会。人本主义心理学家特别重视个人在人际关系中经验的学习，因为这有助于个人创造性的启发和培养。为了促进创造性的培养，教学活动应重视讨论、感受、启发和理解，让学生有充分的时间去思考，有充分的经历去体验，并鼓励学生去实现、探索。

第二，提供良好的生理条件。充沛的精力来自健康的身体，而健康至少应包括充沛的体能、饱满的精神、敏锐的知觉、迅速的活动力以及愉快的情绪。教师应特别注意学生是否有偏食的习惯。食物的正确烹调方法、营养知识、生活习惯、运动和情绪，这些都与学生的健康有关，学校教育的教育者不应忽视。

相反，限制学生潜能发展的一个原因是教师忽视其学生的需要。目前有不少学生由于无法在学校的教育中获得人本自身需要的满足，诸如被动的学习、师生之间的疏离、缺乏情感、破碎的家庭、功课的失败、不能在学校里发挥自己的特长等，而受到严重的伤害，逐渐走向失败。教师必须依据每位学生不同的需求进行教学设计，使学生除了获得知识和技能以外，还能得到关爱与支持，获得成功的经验和自信，最终获得自我实现。

2.人本主义写作教学理论的核心思想

（1）学习的天性是每个人生来就具备的。与认知主义和行为主义不同的是，人本主义者深信人性本善，相信每个人不但都具有天赋的内在发展潜力，而且每个人生来就对世界充满了好奇心，因此都具有学习的潜能。所以，写作教学是人固有的自我实现过程，人本主义者强调人的尊严和价值。

（2）知识经验的学习。罗杰斯学习论提出写作教学上的两种学习方法：认知学习和经验学习。他认为写作教学应该具有下列基本特征：

第一，写作教学是个人全部投入，是情感和认知的完全投入。

第二，写作教学是自我导向的，虽然刺激和引导来自外界，但是探讨问题、延伸学习的范围、知识的保持和理解则有赖于个人内在自发的力量。

第三，写作教学的结果是全身心的，会造成学生行为态度甚至人格的改变。

第四，写作教学的结果由学生自己来评价，评价的标准根据学生的差异而有所不同。

第五，写作教学的本质是意义，有意义的学习活动一旦发生了，教材中对学生有意义的部分就会立即被纳入个人完整的生活经验中。

由此可见，写作教学的主要目的是将认知经验和个人需要相结合，培养学生良好的创造性，进而使学生在不断变化的社会中具有良好的适应能力，促进各种能力的全面发展。

为了促进学生的写作学习，教师首先应具备真诚、接受、移情和理解的心理和态度，肯定学生的价值，学生的自我概念才会健全发展；其次要鼓励学生面对问题，思考生活中的各项问题如何解决，以便启发创造性；再次要建立自由的学习气氛；最后教师应该多提供与认知经验相关的教学资料。总之，写作教学就是要学生将认知的经验和个人的需要相结合，教师通过良好的人际关系来促进学习。

第二节　英语写作教学中存在的问题

写作的过程是非常复杂的，其需要复杂的思维，并受到知识、技能、风格、内容、结构等多个层面的影响和制约。如果想写出一部完美的作品，首先需要保证风格的统一与结构的完整。需要指出的是，写作并不简单地从视觉教学角度来编写，而是一个对各类问题与信息展开加工的过程。一般来说，写作的目的也是非常明确的。根据写作目的的不同，写作形式有论文、报告等多种形式。

通过写作，可以实现如下两大功能。首先是为了学习语言而展开写作。通过写作，学生可以对自己所学的词汇、语法、语篇知识加以巩固。其次是为了写作而展开写作。因为通过写作，学生可以将自身的观点表达出来，从而锻炼自身的手和脑，强化自身的写作学习，提升自身的写作能力。

简单来说，英语写作是运用书面形式传达思想与情感的。但是，语言与文化关系密切，是否能够准确地理解文化对写作有着直接的影响。汉语往往呈现整体性与象征性，而英语呈现的是逻辑性与明确性，因此在写作时，学生切不可用汉语的思维展开英语写作，这样写出的文章很难让人理解。词汇与文化有着密切的关系，是语言中最为弹性与活跃的部分，是文化负荷量最大的部分。因此，要想对英语词汇有真正的了解，就需要明确词汇的文化内涵。英汉语属于不同的词汇体系，词汇含义不可能是完全对应的。有的学生认为，只要掌握了一定的词汇量，那么就可以凭借常识与习惯去了解不同的文化。当然，英汉语中存在一些耦合的现象，但是耦合的并不多。如果仅仅从自身经验与文化立场出发，恐怕很难了解英语中的一些惯用法。

除了词汇，文化因素也会对句子结构与段落篇章产生影响。在句子结构上，英语思维是先直接传达重要信息，然后再传达次要信息。尤其是表达复杂的思想时，英语习惯开门见山，先把叙述的重点放在开头，然后再运用各种手段展开分述。在西方人观念中，文章是否连贯取决于连词的使用是否符合逻辑。但是汉语中连词很少，句子与句子的逻辑是通过内容体现的。在段落布局上，中西方思维出现了螺旋式与直线式的差别。英语直线型的思维要求开篇点题，一般会在首句点出主题，每一段的主题句与文章主题相呼应。之后每一段的具体内容与整个段落的首句呼应。但是相比之下，汉语往往采用螺旋式的思维，即先进行渲染，然后在结尾点出主题。目前，我国大学英语写作教学中存在的问题如下所述。

一、教学方法陈旧

受学时以及应试教育的影响，在英语写作教学中，教师仍旧采用传统的教学方式展开教学，即在课堂上为学生提供各种类型的范本，为学生讲解范本，要求学生进行模仿并完成课后写作任务，教师进行评价。这种教学方法的重点在于写作结果，忽视了师生之间的交流，也忽视了学生兴趣的培养。这样下去的结果就是学生丧失了学习兴趣和学习动机。

另外，模仿是学生的一个必经阶段，却不是最终的阶段，只有完成创造性的写作才是最终的目的。事实上，创造不仅是一个过程，也是一个结果，如果没有创造性，那么这样的写作也毫无意义。因此，在英语写作教学中，教师需要与学生进行沟通，培养学生的学习兴趣和积极性，并灵活采用多种方法展开写作。

二、重形式，轻过程

很多人指出，英语写作中应该注重形式，并认为这是必然的，因此导致英语写作教学中对于句子规范性和文章结构的教学非常侧重。甚至有时候，教师为了让学生快速写出一篇文章，往往会让学生对类似的文章进行模仿。这样下去导致教师和学生都将形式视作写作教与学的重点，忽视了写作的过程与内容。这样的写作仅仅是一种模仿，而不是创造，是流于形式的写作，很少能够触及写作的核心。

三、教与学相互颠倒

写作教与学相互颠倒主要有如下两点表现。

第一，写作是一个极富实践性的课程，因此写作应该以学生的操练为主，以教师的教授为辅。在实际的写作教学中，教师往往花费大量的时间对词句进行讲解，只给学生留下少数的时间进行写作，这样实际是对教学内容主次的颠倒，对学生写作能力的提升是非常不利的。

第二，写作是一种学生个体的活动，尤其是从构思到写作到修改。在英语写作教学中，教师过多的讲解浪费了学生的写作实践，也会丧失学生写作的积极性。

四、忽视文化差异问题

文化因素对于英语写作教学有着重要影响，并且导致学生在写作中会遇到一些问题。首先，由于英汉思维方式的不同，英语重视形式，而汉语重视意义，这就导致学生在谋篇布局上出现困难。其次，由于英汉语属于不同的语系，有些词语含义是不对等的，这就导致学生容易出现用词的困境。

第三节 英语写作教学的原则与方法

一、英语写作教学的原则

（一）恰当性原则

英语写作教学的恰当性是指写作任务的设计应该恰当。具体来说，写作任务需要具备如下两点特征。

一是能够激发学生思想交流的需求，使学生有内容进行写作。

二是对于学生语言能力提升有帮助，如增加词汇量、学习新句型等。

这两点虽然是作者对写作方法的要求，但也是对写作任务的设计要求。具体来说，如果教师要想设计出一个好的写作任务，那么就需要与学生的实际相符，让学生有充足的内容与经验展开写作。同时，还需要符合学生实际的语言能力，这样才能完成写作，将理论知识运用到具体的实践中。

（二）文化对比原则

受文化背景的影响，英语写作教学中需要坚持文化对比原则，即教师在教学中将中西方文化的差异引入教学中，从而为学生的写作学习奠定基础。

很多学生到了大学阶段，实际上已经掌握了一定程度的写作技巧，但是他们掌握的写作技巧大多都是中式写作，忽视了英语写作的编码与解码。也就是说，他们的写作大多是将汉语写成英语进行写作，导致文章中出现了很多的中式英语文章，这样很难让读者理解。

因此，在英语写作教学中应该坚持文化对比原则，让学生明确中西方语言与文化的差异，写出地道的文章。

（三）多样性原则

英语写作教学中需要坚持多样性原则，主要体现在训练方式与表达方式上。

从训练方式上说，教师应该采用多样化的方式，如可以通过扩写、仿写等办法训练学生的写作能力，同时教师应该把握好每一种方法的优缺点，让学生在多种方法下掌握适合自己的方法。

从表达方式上说，教师应该引导学生在写作中运用多种表达方式，这样的写作才是灵活的写作。这不仅可以对学生写作中的问题加以弥补，还可以提升学生的灵活运用技巧，这样写出来的文章才能更引起读者的注意。

二、英语写作教学的方法

（一）多技能综合教学

所谓综合教学法，是指将写与听、说、读几项基本英语技能相结合，使之相互作用提升学生的写作能力和培养学生的英语综合能力。

1.听、写结合

听是语言输入性技能，可以为写作积累丰富的素材，加快写作的输出。具体教师可以采用边听边写和听后笔述或复述的方式开展教学。

边听边写可以是教师朗读，学生记录，也可以是播放录音，学生记录。听写的内容可以是课文内容，也可以是其他故事或内容。

听后笔述或复述是指教师以较慢的语速朗读或者录音播放听写材料，一般朗读或播放两至三遍，在这一过程中学生只听不写，在朗读或播放录音完毕后，教师要求学生凭借记忆进行笔述或复述。在笔述或复述时，学生不必拘泥于原文的词句，也不用全部写出或背诵出，只要总结出大意即可。这种方式能有效锻炼学生的语言组织和概括能力。

2.说、写结合

说与写密切相关，说是写的基础，写与说相互贯通。以说带写，可以有效激发学生的写作兴趣，提高学生的写作能力，还能锻炼学生的口语表达能力。具体而言，教师可以采用改写对话和课堂讨论的方式开展教学。

3.读、写结合

读与写的关系十分密切，通过阅读可以获取大量写作所需的素材，通过写作可以进一步巩固阅读能力。写作作为一种输出活动，是离不开语言知识的输入的，如果没有语言知识的积累，将不可能写出内容充实的文章。而阅读作为积累语言知识的重要途径，将能为写作奠定良好的基础。但学生的阅读需要教师的指导，因为很多学生都将理解文章内容作为阅读目的，而很少从中吸取有利的写作素材。对此，教师应引导学生体会作者遣词造句的技巧，并培养学生记笔记的良好习惯，从而使学生积累大量的利于写作的语言知识。通过阅读，学生的阅读能力不仅会得到锻炼，写作水平也会显著提高。

总体而言，在大学英语写作教学中，要重视英语基础知识和技能的教学，并不断进行创新，从而提高写作教学的质量，培养学生的英语综合能力。

（二）重视文化知识积累

在当前文化全球化的背景下，英语写作教学应该重视让学生积累丰富的文化知识，摆脱汉语负迁移作用对学生英语写作的影响。在日常的写作中，如果学生遇到困难的句子，他们往往会选择用汉语思维对句子进行组织，导致出现了明显的语言错位，这就是受汉语负迁移作用的影响导致的。因此，在英语写作教学中，教师除了对学生的词汇、语法等语言知识进行训练，还需要训练他们的文化知识，避免学生出现负迁移的现象。同时，教师应该鼓励学生多进行阅读，让他们在阅读中挖掘文化知识，从而对自己的语言进行充实，写出一篇得体的文章。

（三）运用语块教学模式

受负迁移作用的影响，学生习惯用汉语思维来对文章进行组织，这样很容易出现各种错误，如句式单一、语言不通顺等。因此，在跨文化转型背景下，教师可以采用语块教学法展开写作教学。根据语块教学法，本族语者之所以能够表达顺畅，是因为他们在脑海中会存储一些各种情境下的语块，而不是某一个词。在发话或者写作中，他们可以调用这些语块，无须进行排列加工。这样的语言输出才更有速度与质量。同样，将这一理论运用到写作教学中，就是要求教师应该对学生加强语块训练，让学生脑海中形成整体的语言知识，以语块来组织写作练习，这样写出来的文章才具有整体性与格局性。

（四）通过阅读促进写作

无论写什么题材或者体裁的文章，要想真正地打动读者，就必须要言之有物。如果缺乏文化知识的积淀，那么这样的写作必然是单调与死板的。要想保证顺利展开跨文化交际，不能仅仅在自己的小圈子里说话，而应该从与他人沟通的角度展开写作。当然，在这之前，学生需要阅读大量的文章，首先充实自己，这样才能有话可写。

因此，在写作教学之前，教师可以让学生读一些相关的资料，通过收集与选择，将这些资料运用到自身的写作中，提升自身的写作水平，培养自身的归纳与总结能力，从而写出与众不同的内容。

（五）通过写作策略展开教学

1.自由写作

自由写作（free writing）就像是一个开启思维情感的闸门，是一种头脑风暴（brainstorming）。其主要目的是克服写作的心理压力，激发思维活动和探索主题内容。

（1）寻找写作范围。在进行自由写作时，首先要确定写作范围。将头脑中能想到的内容都写下来，这些内容看似无用，但仔细品读就会发现，这些杂乱甚至毫无联系的句子隐含着自己最为关心的情绪，只是隐藏在思想深处，无法注意到。这样就可以确定一个代表着自己真情实感的写作范围，而且找到最为闪亮的句子或词语，为接下来的写作奠定基础。

（2）寻找写作的材料。在确定写作范围后，就要寻找写作素材。在特定的范围内开展自由写作，尽管这是有所约束的写作，但是还要放松地进行。在停笔之后，通读所写的文字，分门别类地整理这些写作的材料，提炼出文章的基本线索和层次结构。

（3）成文。在两次自由写作的基础上，构建真正属于自己的完整文章。前两个阶段的自由写作实际上把构思过程通过文字语言给外化了，是对构思过程的一种自由解放，在无束缚中发挥出写作主体的创造性和能动性。

2.单项作文

这就是我们通常所说的小作文，主要是针对学习者在写作过程中出现的具体环节进行局部或片段训练。比如，学习者的作文普遍存在命题随意或题目不新颖的问题，因此教师就可以进行“让作文题目亮起来”的专门针对题目的训练；比如，学习者的作文中只是叙述，缺少生动的描写和有深度的议论性语句，教师就可以进行表达方式的综合运用的训练。让学习者将叙述、描写、抒情、议论放在一起做综合训练，或者直接针对作文的立意、命题进行训练，对于提高学习者作文中的文采进行训练，等等。这种训练针对性强，一次作文解决一个问题，目的明确，篇幅短小，易操作，见效快。

Chapter 3 第三章

英语写作教学中的语言差异分析

英语与汉语两种语言存在多方面的差异，想要顺利使用英语这门语言展开写作，就需要充分了解英汉两种语言之间的差异性，避免使用汉语思维来写英语篇章。只有建构英语思维，才能利用英语思维写成地道的英语文章。为此，本章主要研究英语写作教学中的语言差异。

第一节　英汉词汇差异

一、英汉词汇的形态结构差异

（一）英汉词汇字素的差异

英语和汉语属于两种不同的文字体系。英语是表音文字，而汉语是表意文字。英语里的word一般都可切分到词素（morpheme），词素是由字母组成的“最小的音义单位”。如globalization（全球化）可以分出globe（球）、–al（形容词后缀）、–ize（动词后缀，表示“使……化”）、–ation（名词后缀，表示“过程、范围、动作”等）。词素不可以再分，否则就是毫无意义的字母。与英语不同，汉语不是拼音文字，许多词由一个汉字构成，每个“字”都是“一体三相”的形、音、义结合体。字还可再分，分出的单位仍然有声、有义。

（二）汉语字素与英语词素在组字结构上的层级差异

应该注意的是，英汉词汇在词、字的位置和层级上仍存在着一定的相同之处。具体来讲，英语是拼音文字，词是词素的现形配置品，表面上好像没有层级，但是仔细观察却可以发现，英语词写出来虽是现形排列的，但词素在词中的位置却很固定，层次也很分明。英语中含有一个以上词素的词，都是通过添加前后缀于词根或词干（大于或等于词根的形式）构成的。不管是自由词素还是黏附词素，添加时或先或后，都有严格的规定，不能随意变动。例如，globalization一词，就是通过添加–al、–ation后缀于词根globe而成的，其顺序可描述为[[[globe+al]+ize]+ation]。又如deconstructionalism（解构主义）一词，由de–、construct、–ion、–a1、–ism构成，其排列顺序是[de+[[[construct+ion]+al]+ism]]或者是[[[[de+construct]+ion]+al]+ism]。如果用树型图显示，其层级更是一目了然（见图3–1）。

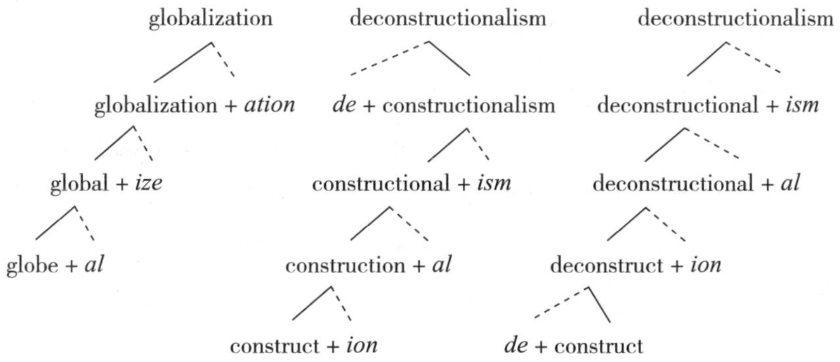

图3-1　英语词构词树形图

与英语形同，汉语的字素在字中的层级位置也是固定的。傅永和在其《字形辨析与教学》中把汉字的结构描述为八类："左右（如'林'）、左中右（如'树'）、上下（如'章'）、上中下（如'器'）、全包围（如'国'）、半包围（如'风、凶、匡'）、穿插（如'串'）、特殊结构（无法归入上述七类的）等"。字素的位置不能置换和更移，同时字素在字中的层级也不同，根据直接成分分析理论（IC：immediate constituent），可用树型图表示。崔永华在"汉字部件和汉字教学"一文中将"照"和"糊"分析如下（图3-2）。

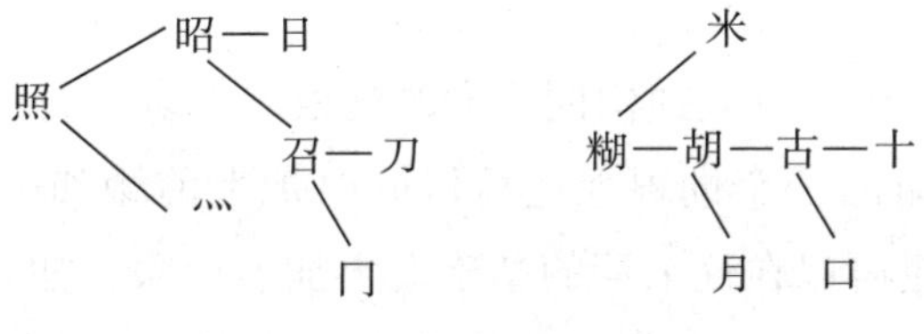

图3-2　"照"和"湖"树形图

我们也可以用英语的线型表示法进行分析：照=[[日^{左}+[刀^{上}+口^{下}]^{右}]^{上}+灬^{下}]；糊=[米^{左}+[[十^{上}+口^{下}]左+月^{右}]^{右}]。由此可见，汉语字素与英语词素在组字结构上的层级极为相似。

（三）中英词汇形态的差异

中英词汇在形态上也有着明显的区别。从语言词汇的形态特征这一角度来看，汉语属于孤立性语言，因为汉语的每个词只由一个语素构成。尽管英语也偏向于孤立语，但与汉语相比，它更偏向于屈折性语言，又称综合性语言，即每个词可以通过词形的变化来表示意义或语法功能的变化。而屈折性语言中词汇的一个重要特征便是词缀丰富，因此派生词在英语中占有很高的比例。

众所周知，英语这门语言是具有形态变化的，因此往往同一个汉语词，可同时有多个不同形态或词性的单词与之相对应。例如：

跳舞／舞蹈：dance（动词或名词），dancing（现在分词或动名词），to dance（不定式）

到达：arrive（动词），arriving（现在分词或动名词），to arrive（不定式），arrival（名词）

美：beautiful（形容词），beauty（名词）（=someone beautiful），beautify（动词）（to make beautiful）

仔细：careful（形容词），carefully（副词），carefulness（名词），care（名词）

从上面例子可以看出，英语词汇可以通过缀合法来构成不同的词类，但其根本意义不变。所谓缀合法，就是在加前缀与后缀后的词获得新的意义而成为新词。在英语中具有较强构词能力的词根有很多，而且构词的前缀和后缀也相当丰富，有时一个词根上还可以同时加上前缀和后缀，甚至加过第一层的前后缀后还可以在这个词的基础上再加前后缀，如nation—national—international—internationalist等。可以看出，英语词根就如同一个核心，加上不同的前缀或后缀，就如同蜘蛛网一样向周围扩大延伸。例如：

前缀+前缀+词根+后缀+后缀

un- +pre +ced +-ent +-ed → unprecedented

（无）（先，前）（行，走）（表事物）（的）（无先例的，空前的）

前缀+词根+词根+后缀

auto- +bio +graph +er → autobiographer

（自己）（生命，生活）（书写）（行为者）（自转的作者）

用缀合法组词的现象在汉语中也同样存在，但与英语相比，其词缀数量要少许多，而且加缀并不是十分固定，可以保存也可以删去，因此应用并没有英语的广泛。例如，前缀“老”可以加到虎前，成为“老虎”。后缀“子”加到“狮”的后面成为“狮子”。当要表示“老虎啸，狮子吼”的声音大而吓人时，就要说“虎啸”“狮吼”，此时“老”和“子”就要删掉。

可见，汉语词汇没有像英语词汇那样丰富的词形变化。因此，几个词根相同的英语单词可译为同一个汉语词语。

例1：Beauty is in the eye of the beholder.

美出自观者之心中。

例2：She is very beautiful.

她很美。

例3：She dances beautifully.

她舞姿很美。

与此相反，在不同的语境中一个汉语词语往往可以翻译成同一词根不同词类的英语单词。

例1：耳闻不如一见。

译文一：Seeing is believing.

译文二：To see is to believe.

译文三：I won’t believe anything until I see it.

例2：他来了，我很高兴。

译文一：He arrived, which delighted me.

译文二：His arrival delighted me.

译文三：His arriving delighted me.

二、英汉词汇语音理据差异

英汉拟声词各成系统，虽然有一定的相同之处，但有着显著的不同点。这些不同点主要表现在以下几个方面。

（一）数量及模拟禽兽鸟虫声音的词不同

数量方面，由于两种语言拟声词的造词方式不同，英语的拟声词较为固定，数量也相对较少，而汉语造词比较灵活，因此拟声词的数量也相对较多。在模拟禽兽鸟虫声音的词方面，英语以间接模仿为主，并且每个动物都有独立的词表述，而汉语除少数动物鸣叫外（如狮—吼、虎—啸、狼—嚎、马—嘶、猿—啼、犬—吠、鸟—鸣等），大都是描述叫声，较少有对应词。

（二）拟声方式不同

英汉拟声词在拟声方式上也存在着差异。英语拟声词的形式一般不能随意改变（自然拟声词除外），但汉语拟声词的形式要灵活许多，而且格式也十分丰富。有双音节词，也可以把双音节词变成四音节词，如咕噜—咕咕噜噜、叽里咕噜；也可以两个不同的词相结合组成新词，如丁零、当啷—丁零当啷等。

三、中英词汇语义的分析差异

“在所有语言中，意义都是相同的，语言之间的差异仅仅在于语义形式上，这种观点是错误的。事实上，我们把生活经验变成语言，并给语言加上意思，是受了文化的约束和影响的，而各种语言则由于文化的不同而互为区别。在一种语言中存在的语义在另一种语言里可能并不存在。”

中英两种语言背后存在着十分显著且巨大的差异，它们的词汇系统之间很少出现语义一一对应的现象。英国语言学家利奇把最广义的意义划分为7种不同的类型：外延意义（即概念意义）（denotative meaning）、内涵意义（connotative meaning）、风格意义（stylistic meaning）、情感意义（affective meaning）、联想意义（reflective meaning）、搭配意义（collocative meaning）和主题意义（thematic meaning）。[①]

---

① 张春柏.英汉汉英翻译教程[M].北京：高等教育出版社，2003.

除了上述中的主题意义外，其他意义都与词义有着密切的关系。词汇的概念意义是词汇的基本意义，但并非唯一的意义。一般词典给出的意义都是词的概念意义，如“电脑”“土地”“花朵”在英语中分别为computer、earth、flower，而它们地其他意义则未能全面反映出来。可以说，除科技词汇外，在英语和汉语中所有意义和用法都完全对等的两个词几乎是找不到的。下面就分析比较一下中英词汇的语义。首先，我们有必要对中英词义的特征差异有一定的了解。

（一）词义特征各异

1.汉语词义特征

汉语词汇意义的主要特征集中地表现为形象鲜明，表意准确，言简意赅，辨析精细。虽然汉语以单字为本，但其搭配能力非常强，组词方式也是相当灵活的，具有很强的语义繁衍能力，因此使得其生成丰富的词义。下面就以“生”为例来进行说明。

从“生”的基本词义来看，它可以表示与人的一辈子有关的概念，如生育、生长、生命、生平、生活；可以表示“学习者”，如学生、招生；也可以表示“不到位”或“不熟”的意思，如生字、生硬、生肉；甚至还可以作副词表示程度，或作副词后缀，如生怕、好生等。由其基本意义的延伸、扩散所构成的词汇也是十分丰富的，如生还、生计、生理、生病、实习生、放生、后生可畏、生搬硬套、急中生智等。在这一系列词汇中，“生”字又形成结构形式上的差异，甚至还可以形成一词多义的情况，如“生气”（既可表示“不高兴”，又可表示“有活力”）。可见，汉语词汇在构词方式上是非常灵活的，但在表意上却是十分紧凑的。

2.英语词义特征

英语词义一个最显著的特征便是意义灵活，丰富多变，这也就使得英语词义在很大程度上要依赖于上下文。如parent一词在英语中既可以指“父亲”，也可以指“母亲”。uncle一词在英语中既可以指“伯父”“叔父”，也可以指“姑父”“姨夫”“舅父”“表叔”。

另外，一词多义也是英语词义的另一个显著的特征。一词多义在各种语言中并不是罕见的现象，是相当普遍的，但这一现象在英语中表现得尤为突出。下面就以story为例来进行说明，以加强对英语这一词义特征的理解。story一词在汉语中的词义是“故事”，但在英语中的词义却是非常丰富的，在不同的语境中表现为不同的词义。

例1：Oh，what a story!

哦，好个谎话。

例2：I don’t buy your story.

我不信你的话。

例3：It’s another story now.

但这是另外一个问题。

例4：To make a long story short.

长话短说。

（二）内涵意义不同

无论在英语中还是汉语中，许多的词除了具有外延意义外，还具有内涵意义，即它们在人头脑中产生的某种联想。内涵意义不能单独存在，它必须附在其指称意义即概念意义上。英语和汉语中有许多这样的词汇，如汉语中的“菊花”往往意味着高洁淡雅，但在一些西方文化中有着“死亡”的意义；中国人看到“荷花”一词可能会在头脑里产生“出淤泥而不染”的联想，而英语中的lotus flower则没有这种内涵意义。另外，英语中有许多词有着汉语所没有的文化内涵，如individualism（个人主义）。在英语中，individualism指的是一种社会学说，主张个人的价值和重要性在社会之上，这种学说在英语文化中广受欢迎。但在中国文化中，“个人主义”是指人际交往中以自我为中心的一种行为倾向和自私自利的一种心理取向，是汉语中一个具有贬义的词语。[①]以上词汇词义的差异实际上是英汉民族对人与事物的不同态度或价值观在语言中的反映。

① 张全.全球化语境下的跨文化翻译研究[M].昆明：云南大学出版社，2010.

第二节　英汉句法差异

句型就是句子的基本结构框架，是造句的基本模型。尽管现代英语有向分析型语言发展的趋势，但与汉语相比，仍呈现出明显的形态语言的特征。表现在句型结构上，可以说英汉语之间是异大于同。相同之处是两种语言的句子都是按照主谓顺序排列。而最明显的差异则是英语造句注重句法结构关系，要求有完整的主谓结构，谓语部分必定含有一个限定性谓语动词；而汉语造句不一定非得有完整的主谓结构，谓语部分也不一定有动词。

一、英汉句子构成元素的差异

比较英汉句子的构成元素，可以看出英语句子表现出结构的完整性，一个句子一般至少包含一个主谓结构，而且谓语部分必须有一个限定性动词。英语纷繁复杂的句子可以按照谓语动词的性质，分为以下五个最基本的句型。

（1）主语+不及物动词（SV）。例如：

主语　不及物动词

The phone　is ringing.

（2）主语+系动词+补语（SVC）。例如：

主语　be　补语

These flowers　are　beautiful.

（3）主语+及物动词+宾语（SVO）。例如：

主语　及物动词　宾语

John dislikes his work.

（4）主语+及物动词+间接宾语+直接宾语（SVOO）。例如：

主语　及物动词　间接宾语　直接宾语

He　gave　me　a ticket.

（5）主语+及物动词+宾语+宾语补足语（SVOC）。例如：

主语　及物动词　宾语　宾语补足语

My father gave me some money yesterday.

汉语句子不一定要求句子结构的完整性，所以汉语句子主要分为主谓句和非主谓句两大类，并且汉语的主谓句中的谓语不一定含动词，几乎所有此类都可以作谓语。按照谓语部分的词类特征和语法结构，汉语句子可分为：名词谓语句、动词谓语句、形容词谓语句和主谓谓语句。可见英汉两种语言的句子构成元素存在较大的不同。

二、英汉句子的扩展模式差异

一般情况下，不同语言的基本句子结构具有不同的扩展形式。句子的扩展指的是基本句子结构随着思维的发展而呈现出的线性延伸。英汉两种语言为表达意义，在句子层面作线性延伸时，各自具有不同的方式，汉语的扩展方向一般是向左的，而英语的扩展方式一般是向右的。

正如上文所述，英语句子多形合，有着丰富的、衔接功能很强的连接词语，并且英语的修饰语可以后置，所以，英语句子可以沿句尾扩展。表现在实际行为上，英语语言的各个层面，短语、句子、复句都可以呈现出向右扩展的样态。以短语为例，英语短语的向右扩展就是将修饰语放在名词之前。例如：

consul general 总领事　　president-elect 当选总统

court martial 军事法庭　　parties concerned 有关各方

sum total 总量

从句子层面来说，英语句子的向左扩展的例子更是不胜枚举。

例1：The firemen did everything necessary to put out the forest fire.（为了扑灭森林大火，消防队员们尽了一切必要的努力。）

例2：The moon is a world that is completely still and where utter silence prevails.（月球是一个声断音绝的世界，是一个万籁俱寂的世界。）

例3：To be sure，a great rebuilding project would give jobs to many of those people who need them.（诚然，一个宏伟的重建计划也许能为许多需要工作的人提供就业机会。）

分析：通过上述例子可以看到，英语的词、短语、从句在作修饰语时都可以放在修饰的名词之后，多数情况形成了左短右长的结构，这是形成向左扩展的机制，即后置语序的一个原因。同时，也因为有形态形式（关系副词、关系代词等）的帮助，在中心词的右面有很大的空间可以容纳扩展，特别是修饰名词的定语从句，可以一句连接一句。例如：

This practice book is intended for foreign engineers or student of engineering who have already master the elements of English，and who now want to use their knowledge of the language to read books on their subject.（这些练习课本是给那些已经掌握了英语基础知识，而现在要利用学到的语言知识来阅读专业书籍的外国工程师或学习工程专业的学生用的。）

除了倾向于向右扩展之外，英语句子还有一种扩展的机制，即向中间扩展（mid-branching）。向中间扩展就是将一个主从复合句的主语与谓语分离，中间插入一个成分，用两个逗号隔开。从表面上看，中间扩展打断了人们理解的思路，形态上变得“支离破碎”，在意义上显得“节外生枝”。汉语句式中基本上没有这种现象，汉语比较注重语流的整体感，忌讳句中阻断与插入，所以中间扩展也是英语句子结构的一个特点。

之所以以这种方式建构句子，是因为在英美人看来，一个句子有三个位置，即句首、句中和句尾。其中句首的位置最重要，是主语的位置；其次是句尾；而句中地位最弱，所以造句时人们经常用中间扩展的方法把用于铺垫的内容或修饰添加类的信息放在中间。例如：

We are all，whatever part of the world welcome from persuaded that our own nation is superior to all others.（不论是哪个国家的人，我们大家都认为自己的民族优越于所有别的民族。）

与英语句子扩展的方向不同，汉语句子倾向于向左扩展，形成了一个句首开放的样态。为了深入了解汉语的扩展方式，我们将通过刘宓庆先生举过的例子来说明汉语句子的扩展。

一个人被车压死了。

昨晚南京路上一个人被车压死了。

昨晚南京路上一个30多岁的男子被车压死了。

昨晚南京路上一个骑着自行车的30多岁的男子被车压死了。

昨晚南京路上，一个骑着自行车上街买东西的30多岁的男子被车压死了。

如此多的修饰词语罗列在名词之前，看起来句子好像失去了平衡，头重脚轻。这种头重脚轻的现象是由以下两个原因造成的。

（1）汉语几乎所有定语都是前置的，不论是词还是词组都需放在中心词之前，即使几个定语连用或很长的词组作定语时，也都是如此。比如，“今天，驾驶新型波音767和757客机的驾驶员借助新的激光陀螺仪进行操作”就是一个典型的代表。这句话如果翻译成英语就是：“Today pilots flying the new Boeing 767 and 757 aircraft navigate with the aid of new laser gyroscopes”，可见英汉两种语言的扩展存在较大差异。分析发现，在定语与中心词位置的安排上，英语有两个选择，即前置（通常是词作定语）和后置（通常是短语和从句），而这两种方式中，后置的现象更为常见。与英语不同，汉语在定语与中心词位置的安排上只有一个选择，就是定语前置。

（2）造成汉语句子向左扩展的另一原因就是，在表达思想时，汉族习惯于先对事情发生的背景进行铺垫，从侧面说明，阐述外围的环境，最后点出话语的焦点信息。

三、英汉语态差异

英汉思维模式存在差异往往会影响人们交际过程中语态的选择。通过对英汉语言的语态进行分析可知，英语这门语言在交际中善于使用被动语态，而汉语则不是，主动语态出现的次数比较多。英汉语言语态的差异同样反映在写作过程中。众所周知，语言是文化的一种载体，所选择的语态不同，就意味着语言背后文化的不同。简言之，英语使用被动语态意味着西方国家的人通常看重客观事物，而汉语使用主动语态则意味着中国人对做事的主体比较看重。

（一）英语善用被动语态

在英语语法中，被动语态的表达形式多达十多种，而且如果使用的时态不同，那么被动语态的表达结构也是不同的。例如，一般现在时被动语态、一般过去时被动语态。不过，不同被动语态的结构往往表达了不同的意义。例如：

English is spoken by many people in the world.

世界上有许多人说英语。

Apple trees were planted on the hill last year.

去年山上种了很多苹果树。

AI technology will be used in the future.

将来会用到人工智能技术。

对于以上三个句子，通过分析就可以得知，第一个句子使用的是一般现在时态，通过被动语态表达当前的状况；第二个句子使用的是一般过去式，通过被动语态表达的则是过去的状况；第三个句子使用的时态是一般将来时，通过被动语态表达的主要是将来的状况。

（二）汉语善用主动语态

与英语不同的是，中国人在做事的过程中往往注重动作执行者，因此更注重使用主动语态，通过陈述具体的动作来清楚传达动作执行者的意图。不过，汉语中也是存在被动语态的，往往表达的是不希望、不如意的情况，如受到损害等。由于汉语中被动语态使用得较少，因此汉语中的被动语态在表达上往往比较生硬。例如：

饭吃了吗？

病被治好了吗？

可以看出，上面两个句子使用了被动语态来表达，然而读起来十分拗口，不符合中国人正常的表达习惯。所以，上面两个句子可以修改为：

你吃饭了吗？

医生治好了你的病了吗？

这样修改为主动句式之后，句子就显得流畅许多了。

四、英汉句子重心差异

众所周知，英语句子的重心在前，汉语句子的重心往往在后面。这就意味着，英语句子通常将重要的、关键的信息放在句子的开头部分，位于句首，让读者一看就可以领会整个句子的意图。而汉语句子往往将重要的信息、关键内容等放在句子的尾部，次要信息、不重要的内容则放于句首。下面通过典型实例进行说明。

传说在清朝末期，曾国藩作为湘军的首领奉命去围剿太平军，但战况不利，遭遇好几次战败，有一次甚至差点被太平军杀死在战场上。后来，他在向朝廷报告战况时使用了“屡战屡败”一词，该词如果写作为英语，则是："He was repeatedly defeated though he fought over and over again." 当时曾国藩的军师看到了这一情况，就将“屡战屡败”改为“屡败屡战”，用英语表达为"He fought over and over again though he was repeatedly defeated."

表面来看，上述两句话中用的词是一样的，只不过将语序做了修改，然而正是因为语序不同导致了所表达的含义大相径庭。“屡战屡败”往往意味着曾国藩在围剿过程中一直处于战败，对胜利毫无信心，所以只能报告给朝廷，最终也会受到上级的处罚。然而，使用了“屡败屡战”一词后，所表达的含义就不同了，这句话传达的信息是曾国藩是一个效忠朝廷的好官员，虽然在战争中吃了败仗，但并没有气馁，所以应该受到朝廷的褒奖。

从汉语角度来分析可以得知，“屡战屡败”的重心是“败”，而“屡败屡战”的重心则是“战”。可以说，军师的巧妙更改不仅保住了曾国藩的颜面，而且也救了他的性命。由此可见，在将汉语写成英语的过程中就需要重视句子重心的问题，从而准确传达自己的思想。

第三节　英汉语篇差异

一、英汉篇章的发展差异

一篇文章除了要上下文衔接、语义连贯外，其主题还必须有所发展。篇章的发展表现为话语表达的有序化，并要有一定的思路，足够的内容和一定的层次。上下文不连贯的一段句子不能算是一个篇章。例如：

Television present a vivid world in front of us. On TV，we can see many beautiful places of the world. We can see the Great Wall of China. We can see the sky-scrapers in New York. We can see the pyramids in Egypt, and so on.

这段话对主题句有一定的发展，但后面几个句子讲的都是一个意思，同属一个层次，因而这段话的思路展开不够充分，内容、层次单一，因为电视里所展现的生动世界并非只是看到这些美丽的地方，故这段话对主题没有进行充分的阐述，因而作为一个篇章来说是不成功的。那么如何发展呢？这就要求能够对句子进行定位（orientation），抓住句子中的语义增长点（semantic generation point），即关键词（key word）来发展，把关键词作为背景对基本句（basic sentence）进行进一步的发展。一个句子至少包括一个语义增长点或关键词，可以衍生出至少一个句子，当然，也很有可能衍生出很多句子来，但实际上这个可能性又会受到所要谈论的主题的限制。如上面这个例子就应该抓住vivid world这个关键词进行发展：

On TV, we can see many beautiful places of the world, eg. The Great Wall of China, the pyramids in Egypt, etc; on TV，we can know many things of the world, e.g. the weather condition, the customs of various nations, events taking place in the world, etc; And on TV, we can enjoy many wonderful entertainment programs.

这样就有内容、有层次地按一定的思路对电视所带给我们的vivid world进行了充分的阐述、论证，文章也就显得充实多了。

篇章模式可分为：叙事模式（narrative pattern）、提问—回答模式（question - answer pattern）、主张—反主张模式（claim-counterclaim pattern）、概括—具体模式（general-specific pattern）、问题—解决模式（problem-solution pattern）五种模式。

（一）叙事模式

叙事模式包括六个成分：摘要（abstract）、定位（orientation）、叠合事件（complicating events）、评价（evaluation）、解决（resolution）和结尾（coda）。

以《大学英语》第三册第一单元课文*A Brush with the Law*为例：第一段即为摘要（The whole process of the narrator's being arrested and taken to court was arbitrary. It was a rather unpleasant experience）。定位是叙事者对时间、地点、人物所作的交代（one morning, in February, about twelve years ago , in Richmond , the narrator）。叠合指接下来发生的事情是对构成故事的主要事件的发展安排（Why the narrator was arrested and How he was arrested）。评价指叙事者以直接或间接方式告诉读者和听者故事的可读性、可听性（But it makes a good story now）。解决指叙事者对情节人物、事件等作的评议（The solicitor even succeeded in getting costs awarded against the police; And so I do not have a criminal record）。

结尾是故事世界和讲故事时的现实世界之间构建的一种联系。但要注意并非所有的叙事篇章都具备所有成分，摘要和结尾两个成分有时没有，但其他成分一般来讲是必要的。

（二）提问—回答模式

该模式一般总是在篇章开头设置一个明显的、用提问方式表达的问题，篇章的发展主要是寻找对这一问题的令人满意的答案。其结构即：情景—问题—反映结果/评价。如《大学英语（精读）》第三册第三单元*Why I Teach*,开头时作者用"Why do you teach?"提出问题，接着作者阐述"I teach neither because teaching is easy for me, nor because I have so much knowledge that I must share with my students."然后作者换种方式再次提出问题why, then, do I teach。紧接着作者用许多平行结构（I teach because...）进一步强调自己的观点，表达自己强烈的感情，层层叠进达到高潮，极富感染力。

同时，作者还使用了《圣经》中的一个典故（being a teacher is being at the creation, when the clay begins to breathe）来阐述当教师的重要性和伟大。

（三）主张—反主张模式

在这一模式中，作者首先提出一种普遍认可或某人认可的主张和观点，然后澄清，说明自己的主张和观点，或者提出反主张或真实的情况。如《大学英语》第三册第八单元*Daydream a Little*。作者首先提出：Daydream used to be viewed as a waste of time and an unhealthy escape: from real life and its duties，接着提出真实情况：however, recent research shows daydreaming is of great benefit in many respects，然后作者用有力的证据说明做白日梦的重要性、好处、原因及怎样做白日梦。

（四）概括—具体模式

概括—具体模式又称为一般—特殊模式（general–particular pattern）综合—例证模式（general–example pattern）或预览—细节模式（preview –detailed pattern）。这种篇章模式有两种表现形式：

1.先概括后举例

其模式结构为：

General statement

Specific statement 1

Specific statement 2

Specific statement 3

General statement

例如：

Several factors now influence the selection of reading texts for the EFL classroom. Apart from readability，other criteria taken into account include authenticity and reader interest. The Notion of "authenticity"，together with that of "simplification"，has been a debate among teachers and researchers for decades. An authentic text has traditionally been defined as one written for native speakers. Another interpretation is that proposed by Widdowson（1976），for whom authenticity lies in the interaction between the reader and the discourse. As a result, he does not recommend the use of authentic texts at earlier stages, and proposes the "doctoring" of texts, using simple accounts to achieve appropriate response. Davies（1984）also favors simplification；but his identification of authenticity and reader's response leads him to consider simplified texts as authentic.

2.先讲整体轮廓，后说众多细节

其模式结构为：

General statement

More specific statement

Even more specific statement

Even more specific statement

etc.

General statement

例如：

For decades, alligator weed had been surely, and not so slowly, taking over the lakes and rivers of much of the South. It fouled the boat propellers and knocked water skiers off their balance; it grew 50 thick in some lakes that a person could walk on the water. For twenty years, the Army Corps of Engineers had spent $ 4 million annually on herbicides to control the weed – and failed.

（五）问题一解决模式

此模式一般先向读者提供一个背景（situation），再提出某种麻烦或问题（problem），接着描述对这一问题的反应（response），最后提出对这一反应的肯定评价（evaluation）或结果。例如：

（1）Most people like to take a camera with them when they travel abroad.（2）But all airports nowadays have X –ray security screening and X–rays can damage film.（3）One solution to this problem is to purchase a specially designed lead – line pouch.（4）These are cheap and can protect film from all but strongest X–rays.

在上面短文中，句（1）向读者提供一个情景（situation），第二个句子提出某种问题（problem），句（3）描述对这一问题的反应（response），最后一句则提出对这一反应的肯定评价或结果（result）。

二、英汉表达方式差异

（一）主题与主语

汉语属于主题显著语言，其凸显主题，结构上往往包含两个部分：一部分为话题，一部分为对话题的说明，不存在主语与谓语之间的一致性关系。英语属于主语显著的语言，其凸显主语，除了省略句，其他句子都有主语，且主语与谓语呈现一致性关系。对于这种一致关系，英语中往往采用特定的语法手段。例如：

The strong walls of the castle served as a good defense against the attackers.

那座城墙很坚固，在敌人的进攻中起到了很好的防御效果。

显然，英语原句有明确的主语，即The strong walls of the castle，其与后面的谓语成分呈现一致关系。相比之下，写成汉语后，结构上也符合汉语的表达，前半句为话题，后半句对前半句进行说明。

（二）客观性与主观性

中国人注重主观性思维，因此汉语侧重人称，习惯采用有生命的事物或者人物作为主语，并以主观的口气来呈现。西方人注重客观性思维，因此英语侧重物称，往往将没有生命的事物或者不能主动发出动作的事物作为主语，并以客观的口气加以呈现。受这一差异的影响，汉语往往以主体作为根本，不在形式上有所拘泥，句子的语态也是隐含式的，而英语中的主被动呈现明显的界限，并且经常使用被动语态。例如：

These six kitchens are all needed when the plane is full of passengers.

这六个厨房在飞机载满乘客时都用得到。

显然，英语句子为被动式，而汉语句子呈现隐含式。

第四节 英汉修辞差异

一、英语Onomatopoeia与汉语拟声

(一) 二者语音差异

在修辞中,"拟声"修辞是较为古老的修辞格,无论是英语还是汉语,都有拟声词,其是对语言的极大丰富,使语言更为生动传神。英汉语中有很多的拟声词,它们是通过模拟自然声音来获得的新的词汇。对同一声音,不同民族在声音模仿与感知上可能存在相似的地方,因此在语音形式上有着某些相似性,甚至可能是重合的。例如:

哈哈 ha-ha

乒乓 ping-pong

但是,由于拟声是某一民族从自身语言固有的语言系统出发来改造加工的,因此很多拟声词也融合了特定语言中的声音,实现了特定语言与自然声音的融合。因此,英汉两个民族的语言音系结构与词汇形态不同,导致他们对同一声音的感知与模拟习惯也存在差异。例如:

对人类声音的模拟:titter 嗤嗤的笑声　boo 呸(表达轻蔑与嫌弃)

对动物声音的模拟:chirp 唧唧(蟋蟀的叫声) bleat 咩咩(羊的叫声) ckatter 喳喳(喜鹊的叫声)

对大千世界声音的模拟:zip 嗖嗖(子弹的声音) rumble 隆隆(雷电的声音) clink 叮当(杯子碰撞的声音)

英汉拟声词在语音层面的差异使得中国人难以使用英语在大脑中创造出意境,也很难体会出英语中一些栩栩如生的意境。

(二) 二者功能差异

英汉语言在句法层面存在明显的差异,使得两种语言中拟声词的句法功能与词类归属也存在明显的差异性。具体来说,英汉两种语言中的拟声

词都可以充当句中的成分，但是二者在本质属性与主要句法功能上呈现差异性。

汉语拟声词的归属与英语拟声词的归属相比尚不明确，甚至还存在争议。著名学者李国南将汉语的拟声词划分为三类。第一，拟声词与感叹词合并为一类，称为“象声词”，将其认定为虚词。第二，拟声词与感叹词合并为一类，称为“象声词”，但将其归入实词。第三，拟声词归属于形容词的范畴，属于实词。一般来说，除了常常作为独立成分，汉语中的拟声词还可以充当短语与句子成分，如定语、状语等。例如：

正在这时，石洞里面传来了“咕咚咕咚”的脚步声。

她急得嗷嗷的。

显然，上例中“咕咚咕咚”充当了定语，“嗷嗷的”充当了补语。在句法特征上，汉语拟声词与形容词类似，如可以跟“的”“地”等搭配。由于其与形容词接近，因此很多时候可以担当形容词的作用，承担几乎所有形容词的句法成分。相比之下，英语拟声词在句法层面上就有明确的归属，绝大部分充当的是名词或动词。

充当名词的英语拟声词：rat-tat-tat 叩击声　drip-drop 滴答声

充当动词的英语拟声词：chug-a-lug 咕嘟咕嘟地喝　pip-pule 叽叽喳喳地叫

一般来说，英语拟声词的动词类用法较多，很多名词拟声词也可以转化成动词拟声词。

二、英语Parody与汉语仿拟

（一）英语Parody

英语中的Parody源自古希腊，在亚里士多德时代就已经出现，指的是一种对现有诗歌风格进行模仿的诗体。Parody与历史有着密切的关系，随着时代的变迁，其概念也在发生改变。但综合看这些历代的概念，其都包含一个共同的特点，即都认为Parody是幽默、滑稽的修辞方式，通过对其他作者的词、句子、段落等进行仿拟，传达一种嘲讽、娱乐之感。现如今，Parody这种修辞手段是通过对各种格言、成语、言语等进行故意模仿，修改其中的部分词语来融入自身作品中，保障自身作品的感染力与表现力。例如：

To the Mondavi brothers，wine was thicker than blood. They feuded bitterly over control of Charles Krug Winery.

对于蒙特维兄弟而言，酒浓于血，他们因争夺查尔斯·库勒格酿酒厂，忘了手足之情，反目成仇。

在这里，wine was thicker than blood 是对blood is thicker than water的仿拟，其一针见血地揭示出蒙特维兄弟之间固有的那种矛盾，是对他们追求利益、忘记恩义的一种调侃与讽刺。

（二）汉语仿拟

汉语中的仿拟现象最早在秦汉时期出现，这种修辞现象非常普遍，但是并未作为一种修辞格呈现。直到20世纪20年代，仿拟才被作为修辞格出现在汉语之中。所谓仿拟，即故意仿拟某种既成形式，从而实现嘲弄讽刺的目的。例如：

满心婆理而满口公理的绅士们的名言暂且置之不论不理之列。

上例中，“婆理”仿拟自“公理”，将绅士们自身的那种口是心非的姿态展现出来。

（三）二者差异

从表面上看，英汉仿拟是对应的，但是由于英汉两种语言属于不同的语系，因此在语法上二者也存在明显的差异，具体而言表现为如下几点。

1.英语仿拟存在特定的词缀仿词

英语属于表音文字，其形态理据性要比汉语更为强烈，具体表现为英语中存在大量的派生词与复合词。因此，英语仿拟存在一种特定的词缀仿词方法。例如：

He had a clean-ceavatish formality of manner and kitchen-porkerness of carriage.

他着装整洁，举止得体，如同厨房中的火钳一样站得笔直。

上例中，clean-ceavatish仿拟本体为clean cravat，即意思为“整洁的领带”；kitchen-porkerness仿拟本体为kitchen-porker，意思是“厨房里面的火钳”。这种仿拟并不是创造出新词，而是在本体的后面添加词缀，只呈现在英语中。

2.汉语仿拟可以实现“一本多仿”

汉语仿词有明显的“一本多仿”的情况，即在同一个句子或者同一个段落中，同时出现多个以一个本体仿拟来的仿体。这在汉语中较为常见，但是英语中很少。例如：

这哪是“抓点”，明明是“吃点、喝点、拿点”啊！

上例中，“抓点”为本体，并仿拟出了“吃点、喝点、拿点”，这就是典型的“一本多仿”，并且是排比句式，是对一些领导干部不廉洁的讽刺。

Chapter 4 第四章

英语写作教学中的常见技巧分析

随着英语在社会交际中的广泛使用，作为语言的四项基本技能之一和交际能力的一个重要方面，写作越来越受人们的重视。然而，英语写作教学的过程是一个由易到难、由简单到复杂的循序渐进的过程。因此，进行当代英语写作教学要按照选词—造句—段落—篇章的过程来展开。本章就针对大学英语写作常见技巧展开分析。

第一节　词汇写作技巧

词汇是语言的最基本单位，要想保证英语写作的顺利展开，首先应从词汇的选取入手。

一、准确性

所谓准确性，就是要根据使用场合选用确切的语言形式。美国著名作家马克·吐温（Mark Twain）认为，用词准确与用词几乎准确，这两者之间的差异就如闪电与萤火虫之间的差异。（The difference between the right word and the almost–right word is as great as that between lightening and the lighting bug.）而对于中国学生来说，用词的准确性具有三层含义：一是书写正确，即拼法和大小写等无误；二是词义正确，即所用的词确实能表达自己的意思；三是用法正确，包括词的语法搭配关系和意义搭配关系等。下面从三个方面来看选词的准确性。

（一）词的搭配

用词的最大挑战莫过于词的搭配。一个拥有超过5000个词汇量的人，很可能会因为没有掌握词的搭配而写不出一篇像样的文章。知道了knowledge这个词，并不等于会用，如写出learn knowledge就不是英语，这是因为英语的搭配和汉语并不完全相同。例如：

To read each others compositions is a good way to avoid this defect（or correct this defect）.

（二）词的多义性

要做到选词的准确，还应熟悉词语的多义性。例如，depression对经济学家、心理学家或地质学家来说，含义各不相同：

The depression first hit almost all the small and medium–sized enterprises.

He is in a state of deep depression as a result of his setback latest experiment.

Transportation was a standstill caused by the depressions in the highways after the earthquake in that area.

（选自蔡基刚《词语的选择与效果》）

相反，也常常有几个词语可以表示类似的含义，如心理学上的depression也能用the blues，melancholia，the dismal in the dumps，low等词语表示。

在英语词汇中一词多义的现象十分普遍。在常用词run，take，do，make等方面显得特别突出。有时一个词的词义多达上百个，为读者正确理解词义带来一定的困难。

二、简明性

（一）副词

根据夸克（Quirk，1985）的理论，可将副词分为两类：一类是较实的副词或评论性副词，它们表示的是具体语义。如regrettably，hopefully，fortunately，tentatively，predictably，provisionally，understandably，wisely，mistakenly，foolishly，optimistically，ideally，miraculously，socially，academically，economically，morally，intellectually等；另一类是较虚的副词，表示的是语气、情态等。如highly，presumably，certainly，dramatically，commonly，probability，particularly等。其中第一类副词多是开放性的，用在句子中往往可以有一个短语，甚至一个句子的意思。

试比较：

Nevertheless，recent alarms about this problem caused wide public concern. **This is understandable**.

Nevertheless，recent alarums about this problem have **understandably** caused wide public concern.

（然而，近来关于该问题的警告引起了公众的广泛关注，这是可以理解的。）

该例中用一个副词understandably替代了This is understandable一个句子。

有时候用副词表达并没有节省多少词，但表达同样显得简洁有力，同时符合正式语体。例如：

In earlier times，when the field of available knowledge was **comfortably** small and its advance slow，the lover of learning might hope to explore the great part of it.（Alexander *Fluency in English*）

在早期，可知的知识领域很小，全部掌握并不难，而且发展缓慢，好学者便可有望探索大部分的知识领域。

They explain that there is nothing shameful in not a career，that to be **intellectually** unadventurous is no sin，that taking care of home and family may be personally "fulfilling" and socially valuable.

他们解释说，不想干事业没什么不光彩的，事业上没有进取心不是罪过，照顾家庭也可以"实现个人价值"并对社会有益。

（二）形容词

形容词由表语变成定语，由原来的主谓结构变成了偏正结构短语，从而达到简洁的效果。例如：

As the situation become **chaotic**，the government were seriously concerned.

The **chaotic** situation caused serious concern.

形势的混乱引起了政府的极端重视。

The road was **frozen** and one could **hardly see it clearly**，so the road accident was caused.

Icy road and **poor visibility** led to the accident.

路面结冰，加上能见度很低，导致了这场交通事故。

另外，运用形容词的比较级也可以使表达更加简洁。例如：

But some suggested **lower** government spending and **higher** wages for teachers.

但有人建议降低政府开支，提高教师工资。

The aims of our present-day culture seem to **work few hours**，**get high salary and live a better life**.

The aim of our present-day cultures seem to be **shorter hours**, **high salary and a better life**.

我们现在的文化似乎追求的是工作时间要少，工资要高，生活要过得更好。

（三）分词

英语中用单个分词直接修饰名词往往能起到定语从句的作用。例如：

College students should not spend the money **they earn through hard work** on dating.

College students should not spend their **hard-earned** money on dating.

大学生不该把辛辛苦苦挣来的钱花在恋爱上。

The time is ripe for us to produce an educational system **which is revised** and will make more economical use of the wealth of talent and industry currently being wasted on degrees and certificates.

The time is ripe for us to produce a **revised** educational system which will make economical use of the wealth of talent and industry currently being wasted on degrees and certificates.

改革教育体制的时机已经成熟，我们应当更有效地利用学生的才智和勤奋，而不应该像目前这样把财富浪费在一味地追求学位和文凭上。

三、优美感

优美感也可以叫作生动感，它是建立在准确性和简明度的基础上的，是三条标准中的最高境界。一般学生尽管在写作中顾及不到，却可以在有限的范围内关注词汇的语义内涵和色彩，从而在一定程度上避免用词上的重复和单一。英语中的许多词汇内涵形象丰富，表意生动有趣，有时汉语中找不到对应词。例如："超过、胜过"，在英语中除了一般常用词：surpass，exceed，go beyond外，还有outdo，outgo，outpace，outreach，outride，outrun等一系列近义词。如果能依据具体的语境选择恰当的词汇，文章的语言表达就生动得多，也丰富得多。

在英语写作中，为了避免重复而导致的文章单调乏味，还可以大量地使用短语来表达某个单词的含义。例如：

You'd better take this table away. It takes too much **room**.

You'd better take this table away. It takes too much **space**.

第二节　句子写作技巧

英语文章都是由句子组成的。因此，句子写的好坏将决定着文章的整体质量。大量实践表明，学生写作成绩长期得不到明显提高的主要原因是欠缺写好单句的能力。在当前的教科书及教学中，造句总是被大家所忽视。基于此，本节我们将重点探讨英语句子的写作。

一、英语句子的分类

传统句法学认为英语句子是由一定数量的字词和标点符号，按照线性方向进行有序排列而成的语言单位。在英语中，句子按照不同的标准，可分为不同的类型。

（一）按结构分类

从语法结构上，我们可以把英语句子分为：简单句、并列句、复合句和并列复合句。

1.简单句

简单句只包含一个主谓结构，具有短小平快的特点，常用来表达重要的信息，如文章的中心思想、结论，或者用来陈述重要的事实等。其包括七种基本句型（表4–1）。

表4-1　英语简单句的七种基本句型

The Seven Basic Sentence Patterns		
No.	Contraction(缩写式)	Formation（结构）
1	S + LV + P（主系表）	Subject + link–v. + predicative
2	S + Vi（主谓）	Subject + intransitive verb.
3	S + Vi + O（主谓宾）	Subject + transitive verb + objective.
4	S + Vi +Oi + Od（主谓双宾）	Subject + transitive verb + indirect objective + direct objective.
5	S + Vi + O +OC（主谓复宾）	Subject + transitive verb + object + objective complement.
6	V（+ OC）（祈使句）	Verb （ intransitive verb/ transitive verb + object/ink verb + predicative）.
7	There + be + S + A（There be 结构）	There + be + subject + adverbial.

2.并列句

并列句包含两个或两个以上的相互独立的分句，而且在表示分句之间的并列、转折、因果等逻辑关系时采用并列连词或分号连接的形式。并列连接词用来连接平行对等的分句，按其表示的不同意思有以下几种。

（1）表示并列关系

表示并列关系的连接词有：and，or，neither/nor，either...or，not only...but（also），both...and，as well as。例如：

She came to my house yesterday evening，**and** I went to hers.

He doesn't know your address，**neither/nor** do I.

（2）表示转折意思

表示转折关系的连接词有：but，yet，however，nevertheless。例如：

Everything in the world is outside you **but** health belongs to yourself.

John has his shortcomings；**however**，that doesn't mean he is not qualified for the job.

（3）表示因果关系

表示因果关系的连接词有：for，so，therefore，hence。例如：

You'd better take an umbrella with you，**for** it's going to rain.

You are in the right，**therefore** we should support you.

（二）按句子功能分类

从句子功能上，我们可以把英语句子分为四种，即陈述句、疑问句、祈使句和感叹句。下面，我们对这四种类型的句子进行简单介绍。

1.陈述句

陈述句是在说明一个事实或陈述一种看法。例如：

We looked upon our youth as the future of our mother-land.

I haven't finished my homework.

To be a good citizen，one must obey the law.

2.疑问句

疑问句主要用来提出问题。其通常包括一般疑问句、特殊疑问句、选择疑问句、反义疑问句四种。例如：

She has found her kike，hasn't she?

Do you know the way to go to the train station?

How many students are there in your class?

3.祈使句

祈使句是用来提出要求、请求、命令、劝告建议或发出命令的句子。其经常包括两种类型：一是以let开头的祈使句。二是以动词原形开头的句子。例如：

Let's not talk about it any more.

Mary，come here!

Don't be late again!

4.感叹句

感叹句用来表示强烈的感情，是表示说话人惊奇、喜悦、愤怒等情绪的句子。这类句子通常由what，how引导。例如：

What a long time we have been waiting!

How beautiful she is!

二、英语造句的原则

（一）简洁性与多样性

在进行英语造句时，首先应遵循简洁性原则。所谓简洁，就是精练，或者说是言简意赅。也就是说，同一个意思能用单词表达就不用短语，能用短语表达就不用句子，能用简单句表达就不用复合句。简洁精练，通常能使句子更富有表达力。通常情况下，在对冗长、含有赘词的句子进行修改时有两种方法。一种是删除原句中一些多余的词或短语；第二种是在原句的结构上作一些必要的调整。例如下面两组句子，其中，每组中的第一句都是原句，第二句是修改后的句子。

The progress was performed in two steps. The first of these consisted of drying the sample，and the second consisted of weighing it.

The progress was performed in two steps: drying the sample and weighing it.

The time for learning is the time of youth.

Youth is the time for learning.

从上面的例子中可以看到，修改后的句子在结构上更紧凑，意义上更直截了当，从而更加简洁、易懂。

在保证简洁性的基础上，还应使造句多样化。单一的句式读起来乏味，而句式变化能够给文章增色不少，激发读者的阅读兴趣。一般来说，在写作中，为了达到造句的多样化，可从长度和结构两个方面努力。

（1）肯定句式与否定句式。句型的多样化表现在既可以用肯定式，也可以用否定式。例如：

Their daily lives don't provide them with the exercise needed to keep them healthy.

Their daily lives fail to provide them with the exercise needed to keep them healthy.

（2）主动式与被动式。同一个意思既可以用主动式表达，又可以用被动式表达。例如：

Some people believe that it will be possible for automatic machines to replace completely in the future.

It is believed by some people that it will be possible for automatic machines to replace completely in the future.

（3）正常语序与倒装语序。语序可以是正常语序，也可以是倒装语序。例如：

We did not realize the problem of energy crisis until the end of last century.

Not until the end of last century did we realize the problem of energy crisis.

（4）修饰成为的位置。某些修饰成分既可以用在句子前面，也可以在后面，还可以用在中间。例如：

In fact，speaking is one of the most important means of communication.

Speaking is in fact one of the most important means of communication.

（二）完整性与连贯性

完整性与连贯性原则也是英语造句中应该遵循的。具体来说，造句的完整性是指结构完整，避免残缺句和融合句。同时，意义上也要完整，换句话说，就是要表达统一、完整的思想内容。句子各成分之间的关系应协调、连贯，衔接自然。下面的例子，第二句是经过修改后的句子，在结构和意义上都比较完整。

Ernest Hemingway was an American novelist，and he won a Nobel Prize for Literature in 1954.

Ernest Hemingway，an American novelist，won a Nobel Prize Literature in 1954.

一个完整的句子至少由包含一个主语和一个谓语的一组词构成，而且只能有一个中心思想。此例中的第一个句子没有完整的句意。第二个句子把其中一些内容改为了修饰性短语以及同位语，这样就使句意比较完整了。

Shanghai is one of the biggest cities.

Shanghai is one of the biggest cities in China.

这个例子中的第一个句子从语法结构上看是完整的，但从意义上看不完整，缺少in China这个定语。

英语写作造句时，除了保证完整性外，还要保证连贯性。所谓连贯性，是指句子中各个部分之间的关系应合乎逻辑，这要求所造句子中相关联的词语、词序正确，所表述的意思清楚，思路清晰。具体来说，连贯性主要有两个方面的要求。一是句子中的人称、时态、语态要始终保持连贯性。二是代词连贯。该要求又可以细分为以下两个内容。

（1）代词与先行词连贯，写作时应弄清楚代词究竟指代哪个名词，否则会造成意思不明确，使人产生模棱两可的感觉。

（2）句中代词应在数、性、人称等方面保持连贯，或者与它所照应的名词词组在这些方面保持连贯。例如：

He is of different disposition from that of hers.

His disposition is different from hers.

I wrote to him，but my letter was not answered.

I wrote to him，but he did not answer my letter.

The subject is studied by a number of specialists now.

The subject is being studied by a number of specialists now.

以上三组例子中，每组的第一句都是错误的，第二句是经过改正后的句子。其中，第一组属于代词指代关系不清楚。第二组和第三组在人称上使用不当。

第三节　段落写作技巧

段落是文章的缩影，写好了段落，就能比较成功地写出较好的文章。一个段落一般由主题句（topic sentence）、扩展句（development sentence）和结论句（concluding sentence）三部分构成。

一、主题句

主题句是英文段落的典型特点，顾名思义，主题句就是提出段落主题的句子。它是一个段落的中心，要求全段其他所有的文字都围绕它展开。它指出了这个段落内容的主导思想。要写好一个主题句既要遵循一定的原则又要掌握一些技巧。

（一）写主题句应遵循的原则

1.语法要正确，能够独立成句

初学写作的学生往往能够明确表达出段落的主题，但是有时也会出现成分残缺。例如：

Original: Three reasons of the his failure.

Revision: Three reasons led to the his failure.

尽管第一个句子具有确定的中心，但是成分残缺，而且缺少最能传递信息的谓语。

2.注意关键词的选择和中心思想的写作

（1）主题句中的关键词。段落主题句对主题的界定是通过句子中关键词来表现的，关键词要尽量写的具体些。

（2）主题句中的中心思想。例如：

As a boy，Mark Twain caused much trouble for his parents. He used to play practical jokes on all his friends and neighbors. The nature of his jokes often led to violence. He hated to go to school，and he constantly ran away from home. He always went in the direction of the nearby Mississippi. He was fascinated by that mighty river. He liked to sit on the bank of the river for hours at a time just gaze at the mysterious island and passing boats and rafts. He was nearly drowned nine different times. He learned many things about the river during those days. He learned all about its history and the unusual people who rode up and down it. He never forgot those scenes and those people. He later made them part of the history of America in his books *Tom Sawyer and Huckleberry Finn*.

该例是以马克·吐温童年时期经常给父母找麻烦为核心内容展开的，列举了三个典型例子：开玩笑过火导致大家争斗，逃学到密西西比河边玩，九次差点被淹死，这些经历为他以后写文学作品奠定了基础。

（二）主题句在段落中的位置

1.置于段落开头

主题句置于段落开头，其他进行叙述、说明或者论证的支持句应该紧随其后，围绕主题句展开。例如：

Too much noise may be dangerous to your health. A number of studies have shown that living or working where there is a great deal of noise can cause hearing loss. And there also is a growing amount of scientific evidence showing that continued loud noise may cause other medical problems. These include high blood pressure, nervous disorders, learning problems, difficulty in sleeping and, possibly, even birth defects and some kinds of heart disease.

段落一开始就提出太多的噪音有害身体健康：Too much noise may be dangerous to your health. 然后列举了大量的事实来支持主题句，将噪音的种种危害清晰地展现在读者面前：high blood pressure, nervous disorders, learning problems, difficulty in sleeping and, possibly, even birth defects and some kinds of heart disease。

2.置于段落中间

当文章话题比较枯燥时，开头可以利用提问题，引经据典，或者讲一个小故事等来引出文章的主题，这样可以使文章富有趣味性和可读性。

3.置于段落的结尾

主题句置于段落的结尾，这是与开门见山相反的写法。文章娓娓道来、逐步推进，水到渠成地得出结论，让读者感到自然、顺畅、合情合理。

二、扩展句

（一）段落的特征

1.统一性

一个段落内的各个句子必须从属于一个中心，任何游离于中心思想之外的句子都是不可取的。例如：

（1）Some of my older relatives amaze me with their vitality.（2）For example，one of my cousins is in her eighties.（3）However，she has the vitality of some one much young.（4）She is as active and interested in what goes around her as anyone I know.（5）Her quick wit，furthermore，is a match for only the sharpest，most alert of people.（6）Another illustration is my aunt，who is in her nineties.（7）She still plays cards and goes for walk in the nearby park.（8）These two ladies put some of their younger relatives to shame with their vigor.

如图4–1所示。

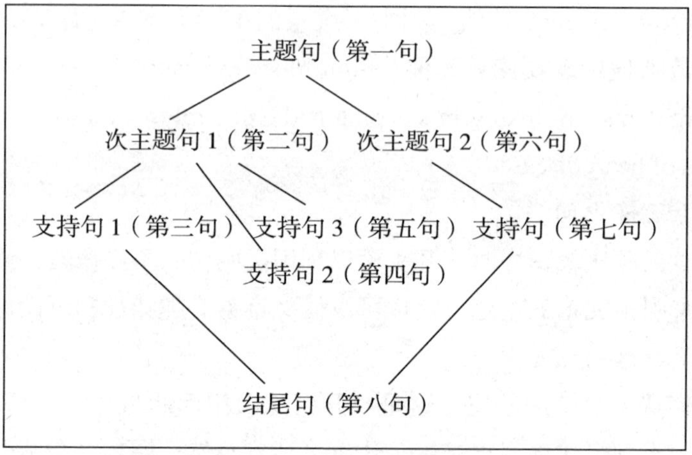

图4–1　段落分析

该段第一句就是主题句。第二句至第五句都在谈其中的一位亲属充满生命力。其中，第二句是主题句的一个分主题句，第三句至第五句都在谈第二句提到的亲属方面，并且通过第二句与主题句紧密相连。第六句提到另一位亲属，是主题句的另一个分主题句。第七句对第六句进行铺展支持，并通过第六句与主题句相连。第八句是结尾句，但再一次扣住主题，既总结了第二句到第七句的六个句子，又与第一句首尾相合，使整段浑然一体，中心明确突出。

构成段落的句子要互相关联，共同表达一致的信息，由一个中心思想统领整个段落，即段落应具有统一性。每个细节都应支持主题句，不应有无关的细节。否则，会分散读者的注意力。

2.连贯性

段落的连贯性是指论点发展过程中的逻辑性，是文章可读性的重要衡量手段，是指段落中所有句子自然地连接在一起，即我们常说的“通顺”。连贯性使读者能够找出每个观点之间的联系以及这些观点与主题句之间的联系。完成一个连贯的段落应该做到：（1）使用逻辑顺序，在英语写作中，常用的逻辑顺序有：时间顺序、空间顺序、强调的顺序以及因果顺序等。（2）使用连接成分，为了增加段落的连贯性，通常会使用某些连接词和短语，还可以重复某些关键词，连接词、短语和关键词把各部分连接起来，将句子间的关系更加清晰地展现在读者面前。连接成分主要有三种：①连接词语；②代词；③重复关键词语。

（二）过渡与照应

1. 重复使用关键词

关键词语的反复出现，可以使读者将眼前的句子和以前的句子相联系，将整个段落贯穿起来。

2. 使用过渡连接词

段落展开的过程中，使用过渡连接词不仅能起到承上启下的作用，而且会起到转折语气的作用，使我们对句与句之间的逻辑关系以及段落的脉络更加清晰。

三、段落的写作步骤

英语段落的写作需要按照以下几个步骤进行。

（一）写前准备

当看到题目时，学生首先应该做审题的工作，而不是急于动笔。我们常常会遇到这种情况：即便题目已经审好，但是依然不知该从何下手。针对这些问题，我们提出了以下三点建议，以供参考。

（1）提出问题。具体来说，就是围绕题目提一些诸如what，when，where，which，who，why和how有关的问题，然后进行回答。通过这种方式，能够帮助我们把写作的思路打开，利于接下来的段落写作。

（2）列单归类。把与题目有关的词或短语都罗列出来，然后将它们进行分类。通过这种方法，可以使我们很快地把与题目有关的内容勾勒出一个基本的写作框架。

（3）自由发挥。这种方法就是写出与题目相关的内容，在写时不考虑语法、拼写、逻辑和顺序等，然后再根据内容进行或删或补的调整修改。

（二）写段落

段落写作是一个语言实践的过程。在写段落的过程中，需要借助一定的思维方式将自己的思想感情用书面语言表达出来。在语言的表达上要连贯、流畅，内容上要与主题句相呼应。以下是一个围绕Smoking展开的段落写作。

Generally，smoking does harm to us in many ways. First of all，smoking is harmful to people's health. Scientists have found that there is an element called "nicotine" in cigarette smoking. This element is considered extremely harmful to people's health，and "causes such kinds of diseases as cancer and tuberculosis". It is not only harmful to the smoker himself，but also harmful to the non-smokers staying around him. Facts have shown that the wives whose husbands smoke are more likely to suffer from diseases than those whose husband do not smoke. Besides，smoking increases the family expenses. Many wives and husbands quarrel simply because the husbands have spent too much on smoking.

（三）检查

段落的写作已经初步完成，但这并不意味着写作已经结束。此时，检查是必不可少的一个环节。一般情况下，检查的内容主要包括：大小写、标点符号、拼写以及句子是否完整等。检查时，大多能发现作文中会存在由于粗心造成的语法错误和拼写错误，有时还可能改动个别词。可见，检查在段落写作中是不可少的一个步骤。

第四节 语篇写作技巧

一、篇章写作的基本结构

结构是篇章内容的组合与构造，简单地说，就是组织文章内容的具体形式。实际上，篇章的结构就是各种段落的有机组合。按照段落在篇章中的意义及其功能的不同，我们可以把段落分成引言段、主题段、过渡段、主体段和结论段五种。通常来说，这些段落类型仅存在于相对复杂、正式或长篇的著作中。一个完整的篇章，通常由题目、引言段、主体段和结束语四个部分组成（图4–2）。而且，在写篇章时，要注意意思传达的准确性，一般来说，一层意思就是文章的一个层次。一个层次可由一段或几段文字构成。如果一个层次只有一个段落，那么不能把一个或一个以上的意思混在一个段落里；如果一个层次包括几个段落的话，各个段落要做到先后次序、互相联系。由于篇章是由段落组成的，因此其结构的内容一般也有主题句、辅助句和结尾句三部分组成（图4–3）。

对篇章的结构我们已经有一定的了解。下面我们来继续探讨篇章写作的基本要求。

（一）应具有醒目的标题

标题是一个完整的篇章中不可缺少的一部分。篇章中的标题可以使读者领会到文章的大体内容及其主题思想。然而，标题是否醒目将会影响到读者对文章内容的理解。一般来说，醒目的标题需要具备以下两个特点。

（1）一个醒目的标题不是主题句的重复，而是主题思想的暗示或提示。而且在长度上也有限制，一般以5～6个字为限。太长了不容易记住，不易给人留下印象。

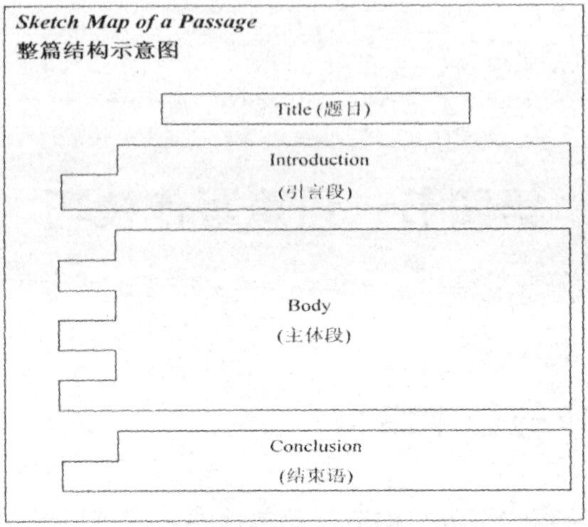

图4-2　篇章结构示意图

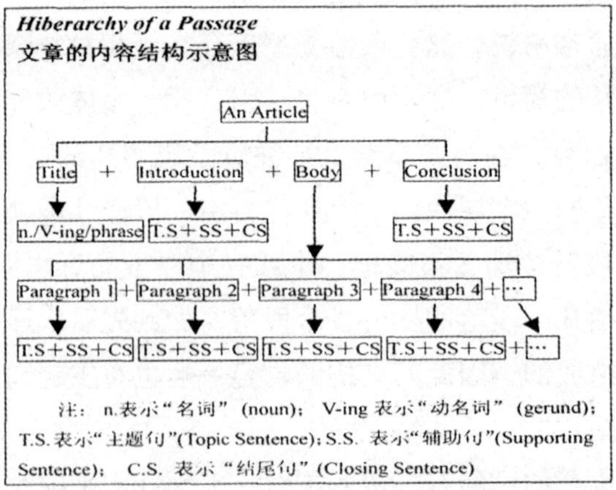

图4-3　篇章的内容结构示意图

（2）醒目的标题应对读者有吸引力，能激起读者的阅读欲望。Friendship or Aggression? 就是一个醒目的标题，这是毛泽东写的一篇反驳艾奇逊的文章。通过标题中的几个字及其标点符号的运用，就能大体明白文章的主旨。再如No More Sundays?这个标题也很醒目，它对读者具有很强的吸引力，“星期天每周都有，怎么会没有星期天呢？”激发起的这个好奇心会促使读者继续这个篇章的阅读。如果将这篇文章的标题改成My Grandmother，显然会因缺乏新意而失去吸引力，从而不能调动起读者阅读的兴趣。

（二）应具有充实的内容

主题确定了以后，还必须对作者思想、情感、观察或经历进行充分而具体的表达。没有丰富的内容，主题思想无从依托，文章会流于空泛和笼统，根本谈不上生动和有力。内容充实与否主要取决于言之有物、感情真挚和描写细腻。在这个前提下，用词朴实无华，能起到事半功倍的效果。同时，还要注意篇章的组织方式。在此方面，篇章与段落有相似之处，但篇章的结构及扩展要比段落完整且复杂，所涵盖的信息量也要大得多。而且，单独成篇的段落与作为篇章组成部分的段落在写作目的及组构方式上都有所不同。将一个个段落组织成篇章时，作者需要注意以下三个方面。

（1）要体现篇章体裁的特点。

（2）要服从于表达主题思想的需要。在一个篇章中，段落是其构成要素。每个段落都有自己的中心思想，但从总体上要根据主题的要求围绕一条中心线索，把有关内容主次分明、有条有理、有头有尾、有详有略地组织成为一个有机整体，从而构成一个完整的篇章。在段落的安排上，要根据篇章内容和类型的需要来决定，段落的过渡应该自然。

（3）篇章的内容要具有逻辑性，而且在结构上应严谨、完整。

二、篇章写作的过程

英语篇章的写作一般包括立意、写提纲、写初稿、修改四个阶段。下面我们就对这四个过程进行详细的介绍。

（一）立意

在篇章写作前，首先要立意，也就是确定文章的中心思想。具体来说，首先应该对要写作的话题进行一番思考，并将想到的内容罗列下来；然后，再对这些细节进行分析，找出它们集中说明的问题，并据此确定篇章的中心思想。

（二）写提纲

确定了中心思想后，接下来就要为写作列提纲。写提纲的过程实际上是根据中心思想来对素材、结构等进行组织与安排。一个好的提纲可以帮助我们紧扣主题、突出重点，同时又可以使我们把素材安排得更严密、更有逻辑性，使篇章的布局更加合理。提纲可以是一个词组，也可以是一句话，在写作时只需保持一致即可。提纲一般的表述方式有：1，2，3，4…，A（a），B（b），C（c），D（d）…

（三）初稿

提纲列好之后，我们就可以依据提纲动笔写初稿了。这一过程是篇章写作中的一个重要步骤。在写初稿时，需要注意一些问题。具体来说，写初稿时，切忌长时间停笔琢磨，或写一句想一句，应尽可能一气呵成，以保证文章的完整性与连贯性。如果在写作中碰到语法结构、单词拼写等方面的问题，可先不去理会，待到篇章写成后检查时再作修改。在写初稿的过程中，如果发现提纲有不恰当的地方，可以进行适当的修改。为了使篇章更具说服力，有时在个别地方可能会偏离原提纲，但是就总体而言，仍应与原提纲保持一致。在组织段落时，应注意段与段之间的逻辑衔接。

（四）修改

篇章写作的最后一个环节就是修改，这个步骤是不容忽视的。修改时，应该先将篇章通读一遍，然后从思想内容和语言表达两个层次上进行修改。

（1）检查、修改思想内容上的问题。具体来说，检查篇章是否切题，论点是否明确，论据是否充分、有力，论证是否严密，各段的细节是否符合一致性的原则，段落内部以及段与段之间的过渡和转折是否合乎逻辑等。为了增加篇章的说服力，也可对篇章的内容做出适当的删除或增加。

（2）检查、修改语言表达上的问题。在这个层次主要检查语句是否通顺、用词是否贴切、表达是否精练、单词拼写是否正确、标点符号的使用是否得当等。

Chapter 5 第五章

英语写作教学中的表达方式分析

常见的写作文体包括记叙文、描写文、说明文和议论文四种，在英语写作中，这四种文体也是十分常见的，更是英语写作教学的重点，掌握了这四种文体的写作方法，对其他各类文章的写作都十分有利。但这四种文体并不是孤立的，而是相互补充、穿插使用。在本章，我们就重点针对这四种文体的教学进行具体的分析。

第一节　描写文的写作

一、描写文的含义

描写文是用生动形象、精细入微的语言描绘人物的状态、动作；景物的性质、特征的一种文体。描写文的主要特点主要在造型性和实感性上，主要目的是用唯美的语言描绘栩栩如生的形象，让读者读后留下深刻的印象，描写与叙述密切相连，在文章中两者常穿插运用。

二、描写的原则

描写是有原则可循的，写描写文时通常要注意以下原则。

（1）进行细节描写时，描写的顺序要清晰，可按照从一般到具体的顺序描写，可以按照空间的顺序描写，也可以按照印象深刻的程度顺序来描写。

（2）进行主观描写时，首先要突出特色，即主要部分要重墨浓彩，以加深读者的印象；次要部分要轻描淡写，无须面面俱到。其次，要充分体现主观感受，即在利用各种修辞手段的同时，充分利用人的各种感官印象把描写对象描写得生动、逼真。

（3）描写的关键，首先要抓住主体的特征，即精心挑选那些有区别性的显著特征和品质，并使用具体准确的词语来避免文章平淡无奇而不能扣人心弦。

（4）进行场景描写时需要先确定描写的重点，然后突出需要强调的地方，明确描写的角度，确定描写的顺序，要决定是仅用作者所看到的来描写还是调用其他途径得到的经验来描写，总而言之，就是要将自己所经历的准确地描述出来传达给读者，使读者身临其境。

（5）描写传达信息的文章时，需要有足够多的材料将事情的各方面描述清楚，并按一定顺序安排好细节。

三、描写的方法

描写的对象不同，描写的方法就不同。根据描写的对象可以将描写分为人物描写、场景描写、地点描写、物体描写。下面就针对描写对象来介绍描写的方法。

（一）人物描写

在进行人物描写时，首先要抓住人物的外貌、语言、行为及心理特征，这样文章才会写的生动而饱满。

1.外貌描写

在对人物的外貌进行描写时，除了展示出人物的精神世界和个性气质之外，还要显示出主题人物的身份、爱好、职业、经历以及遭遇。外貌描写顾名思义就是对人物的外貌特征进行描写，以达到揭示人物的思想性格，表达作者的喜爱与厌恶，加深读者对人物的印象。

2.语言描写

语言描写即描写人物的言谈话语，包括对话、独白等。透过语言，往往可以窥见一个人的思想和性格。

3.行动描写

行动描写是通过语言文字表现人物自身在矛盾斗争中的行动，来展示人物的性格特征和精神面貌的描写。行动描写是反映人物思想、性格、心理等的有效手段之一。

4.心理描写

心理描写，就是以语言文字对人物的内心世界、性格特征、道德品质所进行的描写。因为一个人的心理活动可以反映出一个人的内心世界，所以，在进行心理描写时应注意：（1）应写指定的人物在特定的事件或者环境下必然产生的内心活动，不能单纯地为心理描写去进行心理描写；（2）要最大限度地写清楚心理变化过程的细节；（3）心理描写的跌宕起伏要跟随故事的情节，与人物的动作和表情相辅相成。

（二）场景描写

场景描写是指作者在生活和自然环境中提取一个有意义的场景，并充分调动各种感官多方位多角度地去观察与体验，然后采用生动简洁的语言、丰富多彩的修辞手法，将看到的、听到的、想到的按照一定的顺序描写下来，给读者以身临其境的感觉。场景描写的首要一点，也是重要的一点，就是观察，只有会用眼观察，才能捕捉住场景特点，才能发现场景中最动人的一幕，才能有话可写。

（三）地点描写

我们把用生动形象的语言对地点或环境进行具体逼真描绘的写法叫作地点描写，使读者如临其境，地点环境描写在任何作品中都不可或缺，毕竟人物以及事件的展开都无法脱离社会和自然环境。

地点描写的第一种方法是从整体印象到细节描述，这种方法的特点是突出了文章的主题，进而吸引读者，写法如下：先确定要描写的地点，然后概括第一印象，最后再具体描述。第二种方法是从细节描述到整体印象，这个写法的特点是循序渐进，从具体到一般来启动读者的思维。具体写法是先细心观察要描述的地点，然后逐一列出突出的细节，最后总结整体印象。地点描写与文章中人物的思想和情感有着紧密的关系。

（四）物体描写

物体描写就是对各种动物、植物和各种无生命物体的描写。物体描写也称“状物”。状物是对物体的描摹，类似绘画中的“写生”。状物的目的在于使读者对所描摹的物体有一个准确而鲜明的具体印象；通过对物体的临摹，揭示物体所表达的精神境界和主题思想；以借物抒情的手法，引发自己的情感和思想，点出文章的主题。

四、描写的手段

（一）白描

我们把不加任何修饰成分、用普通简洁的语言反映事物特质的描写方法称为白描，白描文字直来直去，着墨不多且不带任何渲染色彩，却能穷形尽相，带来与众不同的描写效果。

（二）肖像描写

用生动准确的语言描写人，包括身材、服饰、容貌、表情、姿态等外型上的特征即为肖像描写。人的生活经历、喜怒哀乐常常通过表情显露出来，所以肖像描写对刻画人物的形象十分有利。

（三）烘托描写

我们在写作时会碰到一种抽象的事物，这种事物很难通过直接描写来表现，这就需要通过对彼事物的描写达到表现此事物的目的，这就叫作烘托描写。烘托描写可以将抽象的事物幻化成具体的事物，所以对抽象事物的描写也更适合用烘托描写法。

（四）设喻描写

运用比喻等修辞手段的描写方法称为设喻描写。设喻描写常用于写景、状物、描摹事态，而且可以使被描写的事物更加明朗、生动、形象，使被描写的事物更具感染力，使人产生身临其境的感觉。

五、描写文写作实践与解析

范文一

The Most Unforgettable Teacher

I still remember vividly the day when I first met my English teacher. She was not pretty but impressive, not young but energetic. Moreover, her disposition was very elegant. When she turned to me, smiling and saying, "Hello, what's your name?" I began to like her almost at once.

She was very different from other English teachers in our school. When I asked her a question of, for example, the difference between two similar prepositions, she would open an English book and say, with her usual smile, "let's read these sentences together, shall we?" Then again and again, she read them in a delicate tone and little by little, I felt there was something really different between those prepositions. "Now you see," she continued, "English is a kind of language, just like Chinese. We must feel it, not only to recite the rules or to copy the words. You understand?" She went on like that. Even our homework on vacation was to read famous Chinese novels. She said that if one could not master his mother tongue, he could not learn a foreign language well. It seemed that language was a kind of art in her eyes.

She spoke English exactly and perfectly and also asked us to follow her. We tamed every text into a play and learned from it in acting. Our classroom was always filled with laughter and noise. "Come on, boys and girls! Louder and more!" She often encouraged us like this. She gave us the best gift in life confidence. Each time you volunteered to say something, she would be the first one that cheered for you, even you had made a lot of mistakes. She had such a gentle way of correcting your mistakes that you would be glad to accept her advice and even criticism. It was she who led beauty of language.

She was not only a teacher of English but also a teacher of life. She let us have something of our own, which made our class the most special one in our school. Everyone could choose his own way of life, of study and of love. We often exchanged our ideas with her person we turned to for help. She was more like a friend than a teacher. Therefore, of all the teachers I will never forget my English teacher in my life.

解析：

上述是一篇人物描写文。在文章的一开头，作者就简单地勾勒出了英语老师的外貌、年龄和气质特征。随后又分别从语言教学、课堂教学和教书育人三个方面进一步刻画了英语老师的性格，从而在读者眼前展现出一个气质高雅、平易近人的优秀教师形象。

范文二

The Sleet

The moment we stepped out of the dormitory building, we were utterly amazed. What a scene! The trees were veiled with pure white silk and edged by glimmering diamond. They seemed to have been wearing fashionable wedding gowns! The once deadly grey road suddenly came back to life. Just like the withered lips revived by cool spring, it turned moist dark brown. From the sky of the dawn, crystals kept falling, dancing on our warm faces and melting, having brought a nip in the air. It's just fantastic to have all that in spring!

The sleet looks like snow in which it appears so holy and saint, while it feels like rain, for it's so refreshing and dewy. The early spring air was cool enough to make one refreshed, but not too cold to let him shiver. With the birds singing, the damp air rustling, the earth squeezing under my feet, took a deep breath, closed my eyes, and thoroughly enjoyed myself. So quiet and soothing, the sense of peace and restfulness touched the bottom of my heart: everything seems to have melted in such a generous bestowal from nature.

When I fixed my eyes on the still barren land, I seem to have seen the pictures of prosperity in summer and harvest in autumn. The precipitation has brought the thirsty land with its stirring of life while the chilly weather restrains the spread of infectious diseases and pests, leaving the world pure with hope, faith, joy and a promising future. With all that cherished in my memory, I have been intoxicated by the sleet, by its chasteness, beauty, integrity and vitality.

解析：

这同样是一篇景色描写文。文章分三段集中描写了一场冬雨的美妙景色。首先，作者以"迈进大门，银色世界便映入眼帘……"开篇，开篇非常自然。接着，作者细致地描写了雨夹雪的景色。透过文字，读者可以产生恬静、柔和、美妙、如临其境的感觉。

第二节 记叙文的写作

一、记叙文的含义

我们把记叙人物的经历或实践的发生、发展和变化过程的文章叫作记事文或叙述文，记叙文通常包含以下要素：时间（when）、地点（where）、人物（who）、事件（what）、原因（why）、结果（how）。其中时间、地点、人物最为重要，广义上说，记事文包括按照一定的逻辑或者时间顺序叙述真实或者虚构的历史、自传、故事、新闻等，记叙文以记人叙事为主要内容。

二、记叙文的特点

记叙文有着显著的特点，主要表现在以下三个方面：事件特殊、情节合理、语言生动形象。

（一）事件特殊

记叙文的范围十分广泛，所叙述的事件可以是惊天天动地的大事，也可以是刻骨铭心的小事，但不管是大事还是小事，事件本身对于作者甚至是当事人、读者来说都具有一定特殊的意义，都是值得回忆或令人感动的事情。

（二）情节合理

一篇好的文章，通常具有跌宕起伏的合理情节、清晰的线索，读者会跟着写作者的节奏，对主人公的言行举止以及事情的进一步发展、结局产生浓厚的兴趣，最后在脑海中形成深刻的印象。能达到这种效果的文章一定是具备了情节合理的重要特点。

（三）语言生动形象

语言生动形象是记叙文最显著的特点。因为记叙文要描写特殊的事件、曲折的情节，必须依托生动形象的语言。在这里，语言的生动形象并非指优美的语言、华丽的辞藻、夸张的表达，而是指贴近生活、使人倍感亲切的语言。其实，用朴实无华的语言将发生的事情真切地表达出来，使读者身临其境，并非易事，这离不开作者深厚的文字功底和切身的生活体会。

三、记叙文的写作过程

（一）构思

记叙文写作时的第一要素就是构思，而记叙文的构思应有五个方面组成：场合、细节的选择、组织结构、叙述角度、目的。宏观上说，它应包括材料的选择，各大要素的准备，文章结构的组织以及各类手法的取舍。构思的目的是明确文章的主题，更是整个文章灵魂的所在。

明确主题之后，为了把握文章的整体结构，可以再构思阶段列出提纲，根据提纲指导下一步的写作。在写作提纲时需要注意以下几点。

（1）提纲框架的安排要围绕文章的中心。

（2）提纲应简明扼要。提纲是用来提示作者进一步的写作内容的，主要是给作者自己看的，因此主要观点应用简明的词语表达。

（3）要清晰地体现提纲的结构和层次。

（4）提纲完成的要快，不要浪费太多时间，以免耽误了文章的写作。

（二）初稿

构思工作准备好之后就要开始着手初稿了，通过提纲的框架将文章的各大要素进行清晰的描述，把文章叙述的事件在时间和空间上按照顺序有序地进行展开。写初稿时需要注意以下几点。

（1）切记字斟句酌，以免耽误写作时间，在第一时间选取恰当的语句。

（2）切记偏离主题，应该在文章的开头就表明主题思想，明确主题句并在结尾处紧扣主题。

（3）材料的选取要得当。如果选取的材料与主旨不相关，应及时舍弃。

（4）安排好时间顺序。记叙文所描述故事的发生、经过、结果都是以时间顺序为主线的，而且清晰的时间概念也是读者阅读的主要线索，因此应安排好时间顺序。时间顺序的安排主要取决于选择叙述的方式，如顺叙、倒叙或插叙。

（三）修改与校对

初稿的修改和校对是非常重要的一部分，可以从形式和内容两方面进行。形式方面，注意文章结构和整体效果是否突出文章主题；在内容方面，检查语言基础的运用是否准确以及具体细节的处理是否得当。经过润色、修改过得文章会更加出色。

此外，还应考虑的方面就是看标点的使用是否得当，标点的使用直接反映了作者的语言基础知识水平。同时，文章的连贯性也是需要考虑的一个方面。连贯性主要是指运用恰当的连接词，将文章融为一体。因为记叙文主要是以时间和空间顺序叙事的，因此连接词也主要是一些表示时间和顺序的词语。

四、记叙文写作的要点

记叙文的写作要生动形象、准确具体、绘声绘色，使读者如见其人，如观其景，如闻其声。要做到这些，作者必须悉心观察生活，精心选材，并注意以下几点。

（一）交代要明白

交代要明白是指文章要将时间、地点、人物、事件、原因和结果交代清楚。当然，这六大要素并不是要一个不漏地直接写明，有的也可以在文章中间接地交代，有的则可以直接省略不提。

顺叙、倒叙、插叙、夹叙夹议是记叙文叙事的主要方式。按照时间发生的先后顺序叙述叫作顺叙，这种方式可以明确事件的来龙去脉，让读者一目了然。倒叙顾名思义就是先说结果再叙述经过，倒叙的优点是可以避免顺叙平铺直叙的缺点，增加文章的吸引力，激发读者进一步了解文章的兴趣。那么这种在叙述过程中暂时中断叙述线索，插入有关的另一叙述的方式就叫作插叙。夹叙夹议就是在叙述一个事件的同时对其进行评论和分析，它的优点是突出了文章的主题，使文章的中心和内容更容易被读者捕获。

（二）记叙文的典型模式

记叙文的文章结构一般由开头、高潮和结局三大部分组成，这也是记叙文的典型模式。开头部分一般开门见山描述事件的起因、人物的关系等。记叙文的中间部分写作者应该突出重点事件、典型细节，结尾部分一般应点明主题、剖析事件的意义，一篇好的文章也必定会有一个画龙点睛的结尾。

五、记叙文写作实践与解析

范文一

A Memorable Trip

During the summer vacation I made a trip to an ancient town, where an old friend of mine lived. I found my friend waiting for me at the station when I arrived. On the way to his house, we decided to go sightseeing the next day.

Of all the places of interest there, I like best the Pine Peak, where tourists can watch the sunrise. We got up at five and made our way to dawn break pavilion. Many people were already there, looking eagerly to the east. We waited and waited but could only see the sky slowly brightening. At 6:10 suddenly shouts were heard, “It’s rising!” A red ball of fire emerged and rose little by little. It was a grand view.

What impressed me even more than the scenery was the bloom the town was having? In the old days, industry was unheard of in the ancient town. Now the town was turning out many kinds of products. Some of its products not only met local needs, but were exported to other countries.

All day long huge trucks could be seen hauling in farm produce and raw materials from nearby countryside and carrying finished products out. Clearly, the town was thriving.

解析：

本篇文章采用的是第一人称的口吻，通过第一人称口吻的叙述，读者仿佛有种身临其境的感觉，十分亲切。此外，本文采用的是顺序的方式，通过这种方式的叙述，读者可以清晰明了地理解事情的发生、经历和结果。文章的最后一段进行了总结，说明了旅行的意义，点明了主题。

范文二

I think the most terrible thing in life for my little brother is getting up in the morning. He is almost sick when my mother calls, “Herbert! It’s seven o’clock!”

Herby answers, “I’m coming!” and goes right back to sleep.

I’m not at all like my brother. I don’t like to go robed at night but I don’t mind getting up in the morning. I usually wake up before my mother calls me. I jump out of bed and go into the bathroom to take my shower. I get dressed, brush my teeth, comb my hair, and get ready to go downstairs for breakfast as soon as my mother calls.

But not Herby. He just sleeps. A military band in our bedroom could not wake him up. I call him and say, “Get up! Mom will be up here to pull you out of bed if you don’t get up immediately!”

But he just sleeps. After calling a few more times my mother has to come upstairs and pull Herby out of bed. He always says, “I was going to get up in another minute. Really I was.”

It’s that way every day with my little brother. Perhaps some day he’ll learn to get up on time, but I really don’t think so.

解析：

上述文字同时使用了第一人称和第三人称。通常来讲，文章全篇所使用的人称应当一致，但为了叙事的方便和描述的生动，第一人称和第三人称可以交互使用。但有一点需要注意，在人称改换的地方应交代清楚，甚至作必要的过渡，以提醒读者。

范文三

When the balloon rose to 3000 feet, the pilot took off his ear–pads. He had been wearing them ever since the balloon had left the ground so as not to hear the noise of the hot–air fans. All at once, he heard a small，frightened voice below him calling, “Sir, would you please help me?”

Looking down, the pilot saw a boy about twelve years old holding on to a rope. He immediately shouted hack, “Hold on...don’t look at the ground ” “Look at me. ” The balloon descended slowly and the boy was soon safe on the ground again.

As the pilot learned later, the boy bad been eager to help before the balloon took of. Together with others, he had held on to the heavy ropes. The pilot had signaled “Let go!” Every body did so—except the boy who had tied the rope to his wrist and he was soon sailing through the air.

解析：

文章以故事中间惊人的一幕开头：在三千英尺的高空，飞行员听到气球下面一个孩子的呼救声。文章采用了倒叙的手法，以惊险的场面引出故事的经过。倒叙的运用使故事紧紧地抓住了读者的眼球和心理，使读者不得不继续读下去。

第三节　说明文的写作

一、说明文的含义

说明文是对事物的发生、发展、结果、特征、性质、状态、功能等进行解释、介绍、阐述的一种文体。它是最基本、最常见的一种文体。不同于记叙文那样告人以事，也不同于描写文那样动人以形，说明文旨在通过如实的解说来启发读者，向读者提供知识或给予指导。换言之，说明文的目的是喻人，通过对人或事物的说明、介绍，使读者了解情况、学习知识。内容提要、科普小品或信息量大、知识性强的文章等都在说明文之列。

二、说明文的写作方法

（一）定义法

定义法是对一个概念的内涵和外延或对一种事物的本质特征和区别于其他事物的显著特性做出确切而简明的说明。运用下定义的方法来撰写说明文时，要注意定义的准确性和客观性。

（二）举例法

说明文常用的也是最有效的就是通过举例子来阐明观点。具体来说就是用具体的例子对抽象的概念等进行生动具体的说明。通过举例子可以使文章通俗易懂，而且也能避免枯燥乏味。但是在选择材料时需精挑细选，选择的例子要围绕写作的目的，对于一些无关紧要的例子则可以删除不要。此外，文章是写给读者看的，因此所选的材料一定要符合读者的阅读水平。

（三）分类法

分类法较适用于范围广泛的题目。分类法是将一个题目所包含的组成部分加以归纳和分类或列举。分类时要避免重叠的现象发生。例如：

Type A and Type B

Most researchers have settled on stress and what they call “type A” behavior as the prime candidates for psychological causes of heart attacks. A person who shows Type A behavior is highly competitive, feels pressured for time, and reacts to frustration with hostility. My research focuses on the interplay between the type A personality, life stress, and heart attack. In order to classify people as Type A and Type B, I use their responses to questions about their ambitions, competitiveness, sense of being pressed for time, and hostile feelings. Type A people, for example, are likely to set deadlines or quotas for them at work or at home at least once per week, while Type B people do so only occasionally. A type A person brings his work home with him frequently, a Type B person almost never. The Type A person is highly achievement–oriented and pushes himself to near capacity, while the Type B person takes it easy. Hard driving Type–A students earn more academic honors than their Type–B counterparts, though they are no more intelligent. The Type–A behavior pattern earns a person the rewards he seeks, but at a cost to his body that may be the death of him. Obviously, not all Type–A people have heart attacks, but there are certain times, especially when they come under severe stress, when their risk of heart attack is greatest.

—Focus on Composition by A.Raimes

三、说明文写作实践与解析

范文一

Risk Worth Taking in Life

There's no denying that life is filled with uncountable undesirable risks. To illustrate, a driver throws himself into danger when driving too fast, and a heavy smoker is running the risk of suffering from lung caner. Still in our life, however, there are many risks worth taking, since they will bring you success, fame or pleasure.

There are many worthy and rewarding risks. A case in point is that recently Zhang Jian challenged the physical limitation of man succeeded and is hailed as a hero. Another ease in point is starting one's own business, esp. for a laid–off worker. Although one risks losing all his savings or property at the beginning, he stands a good chance of winning an ever–promising future. Besides, buying stocks is another risk worth taking, if you can tolerate the dramatic changes in the stock market, you'll be awarded with endless opportunities to get rich. Of course, meanwhile risks accompany you every minute, and if you are not lucky enough, you'll become penniless overnight. But one thing is certain, luck and misfortune will accompany you as twin brothers.

To sum up, although undergoing risks can make you more experienced and enable you to weather any crisis in life, it's advisable to take only the rewarding risks whose opportunities far outweigh their risks.

解析：

上述文章属于举例说明文。文章共由三个段落组成，第一段说明生活中充满无数不必要的冒险；第二段采用三个例子说明生活中同还存在许多值得尝试的冒险；最后一段得出结论文章的结论：我们只应尝试那些值得尝试的冒险。例子的运用使得文章极具说服力。而且整篇文章结构严谨，行文流畅。

范文二

Patients may be divided into two different types according to their attitudes toward their diseases: the optimistic and the pessimistic.

An optimistic patient takes a sanguine attitude to what he is faced with, even though he has been aware of being on the verge of death. He has much faith in the treatment given by the doctors and cooperate with them as enthusiastically as he can. He always feels confident of being perfectly recovered because he is convinced that a more brilliant future is waiting for him!

A pessimistic patient, on the other hand, usually feels over suspicious about his disease which may be not serious at all! He is also disheartened at any therapeutic measures taken by the doctors and remains inactive during the treatment. When being confirmed that be has suffered from some fatal illness, he will immediately feel that death is approaching and he may even give up all hope of continuing to live!

Although these two kinds of patients are both under the treatment in hospital, the results will differ significantly: the former may have a more possibility to recover from a more serious disease owing to his conquering it in his mind; and the latter, in contrast, may get bad to worse even from a slighter sickness owing to his being captured by the disease psychologically.

解析：

上述文章是一篇分类说明文。文章开头陈述了主题，正文分两段介绍了乐观病人和悲观病人对疾病、治疗、前途、命运的不同态度，文章的结尾指出了两类病人截然不同的治疗效果。整篇文章紧扣主题，对比效果鲜明。

范文三

Before you apply for a job, it is important to know the differences between business and personal references. Business references are the recommendations that you get from former employers or instructors. A supervisor or teacher can talk about your work performance, training and skills. The people who have seen you in action on the job can give a future employer specific information about how well you work. In contrast, personal references come from contrast, personal, references come from friends. Unlike former employers or instructors who have seen what you can do, friends can only recommend you for your character. They can point out your energy, determination and flexibility as a person but not your job skills. Before you list any names on your job application，decide which kind of information an employer wants most.

解析：

上述是对比说明文。文章按照整体对比的方法展开，分别阐述了公事推荐信和私人推荐信在不同方面的不同特点，文章的对比效果十分显著。

第四节　议论文的写作

一、议论文的含义

议论文就是作者为表明自己的立场、观点和方法就某个问题、某个现象发表自己的见地和思想，进行深刻的分析和评论写作方式，目的是“说服”阅读者，即针对某一有争议的问题，为了使读者接受自己的观点和建议，通过摆事实、讲道理来达成共识。我们常见的报纸杂志上的社论和评论文章、决议、宣言、公报以及讨论会上的发言等都属于议论文的范畴。议论文与说明文有时候难以区分，虽然他们关系密切，但是目的是不同的：议论文的目的是劝说读者同意并接受作者的观点，而说明文的目的是客观地解释观念、事物、原则等。

二、议论文的构成要素

议论文一般包含三个构成要素，分别是论点、论据和论证。在学习英语议论文写作初期，教师要指导学生处理好这三个要素以及它们之间的关系。了解这三者之间的关系是写议论文的关键。

（一）论点

论点是一篇文章的灵魂，它是作者论述问题的根据，是作者对论述问题提出观点和主张并加以阐释和说明的基本观点。在写作上没有限制论点提出的位置，可以开门见山地提出自己的观点，表明立场，也可以在论述过程中提出，还可以作为结束语提出。需要注意的是，在论述过程中必须做到论点鲜明、严谨、准确，而且论点只能有一个，然后围绕这一论点展开论述。

（二）论据

有论点必然要有支持和证明论点的论据。所谓论据，就是作者建立观点的依据和议论的基础。论据可以是事实论据，也可以是理论论据。无论是哪种论据，在选择的时候要注意以下几点。

（1）论据要真实。所选择的论据首先要真实，否则文章就会失去说服力。

（2）论据要与论点紧密相连。所选择的论据一定要紧紧围绕论点展开，而且还要与最终的结论相吻合。

（3）论据要充分。要阐述一个论点，必须选取足够多的论据，如果论据过少，则不足以说明论点。

（4）论据要典型。所选择的论据要最能反映事物的本质，而典型的事例最能体现事物的本质，所以要选择典型的事例。

（三）论证

论证，是议论文的第三大要素。作者运用论据来证明论点的过程和方法的方式就是论证，表明了论据和论点的逻辑关系，论证是说服读者接受论点的关键，要使论证强硬有力就要准确阐明论点和论据、观点和事实之间的逻辑关系，这样文章结构才能统一、严谨、完整。

三、议论文的组成形式

议论文的组成形式有很多种，最为常见的是“三段式”。所谓三段式，就是作者按照引言段、主体段和结尾段三个部分进行写作，表达文章主题。

（一）引言段

引言段由引言句、背景介绍和主旨句三要素组成，引言段的作用就是引出全文的段落，用引言句介绍作者要论述的话题，介绍与主题相关的背景，主旨句的作用是点明文章的发展方向。

（二）主体段

主体段是文章论据的集中部分，也是文章的核心部分。主体段可以是一整个大段落，也可以分为几个小段，每一个段落都有一个主题句，每一个主题句都是主旨句的有力说明与论证。需要注意的是，在写主体段时，所选用的论据必须准确、真实、充分，并紧密联系论点，这样才能将问题表达清楚。

（三）结尾段

文章提出观点并论证了观点之后，要进行文章结尾段的描写，目的在于对整个文章的主题加以恰当的评论，给读者一个顺其自然的结尾，让读者对文章的观点深信不疑，一个好的结尾段会给读者带来一个完整的阅读体验。结尾段有两种写法：一种是总结正文，另一种是转换手法重述文章的命题。

四、议论文的写作要点

（一）确定论题

论题即作者在文章中提出来要进行论述的问题，是论证的对象。论题是整篇文章论述的中心，起着统领全文的作用。论题选择的范围很广泛，可以从社会、政治、经济、伦理等诸多方面进行选择。论题越具体，论证的焦点就越容易集中。

（二）确立议论角度

在议论文的写作中如何确立议论的角度也尤为重要，议论文有两种议论角度，一种是立论，一种是驳论。前一种是通过摆事实、讲道理来主张证明其观点的合理性或正确性，后一种是通过批驳对立的、错误的论点、论据、错误的论证方法等来驳斥反面论点，一般这两种论证方法会结合起来运用。

（三）活用论证方法

议论文论证的方法有很多，如定义法、例证法、类比对比法、归纳法、演绎法、因果分析法、正反论证法等。

1.定义法

定义法就是通过一个单独的段落对某一事物、名词或概念下一个定义。其目的是阐明某个概念的本质特征，说明段落的中心思想，从而陈述论证或反驳某一观点。

2.例证法

例证法就是通过实例来支持某一观点。通过举例来论证主题句中的观点、概念或总的情况等，可以使文章更加鲜明。

3.类比法

类比法是指通过比较、对比的方式方法来说明所论证的主题而给出的观点或结论。一般通过两种方式出现，一种是对人物或事物采取逐一比较或对照，这种方法通常比较的是两种事物；另一种是对人物或事物采取比较集中的比较对照，通常从整体角度来论证两种事物之间的相同与不同之处。

4.归纳法

归纳法就是从一些个别事物中总结出共同性，由“个别到一般”，得出普遍性的结论。

5.演绎法

演绎法也称引证法，就是引用经典原著、公理常识等，由“一般到个别”，推断出一个新论点。

6.正反论证法

当我们对一个论题不知从何谈起的时候就可以试试正反论证法，也就是对这件事物的正面和反面进行充分论述，进而发展成一篇论证的文章。

五、议论文写作实践与解析

范文一

Honesty

What is honesty? Honesty means speaking the troth and being fair and upright in act. Honesty is a good virtue. He who lies and cheats is dishonest. Those who gain fortunes, not by hard labor, but by other means are dishonest.

Honesty is the best policy. If you are honest in all matters you'll be trusted and respected by others. A liar is always looked down upon and regarded as a black sheep by the people around. Once you lie, people will never believe you even if you speak the troth. The fable of the shepherd boy is an example. Be honest, and your reputation will become great. Be dishonest, and your name will be spoiled and your personality degraded.

Since honesty is so important, we must cultivate it. We should speak the truth at all times. Only by doing like this can we become really honest people.

解析：

上述议论文以问题开头，首次吸引读者的注意力，并使读者思考何为honesty。接着，作者给honesty一词下了一个定义，然后采用例证法展开思想，论述了honesty的重要性。最后，归纳法结尾，点明主题：要想做一个诚实的人，必须注重培养诚实的品质。整篇文章完整紧凑、结构连贯。

范文二

Is "serving the people" Out of Date?

With the rapid development of market economy, money plays a much more important role in the society. It seems that almost everything can be measured by money. Some people doubt that the spirit of serving the people has been out of date. However, developing market economy is not in contradiction with the thought of serving the people. On the contrary, it is intended to make people live better. So serving the people will never be out of date and should be the essential spirit in our market economy society.

Obviously, everybody can see the fact that more and more people like Xu Hu and Li Suli have emerged. They don't regard money as the most important thing, and go to lengths to sere the people: helping the disabled, donating money and clothes to the flood victims or children in remote areas. Perhaps, some think about them as fools, but they are the very people our society needs.

As young college students, we should follow the example of Xu Hu and Li Suli. And at present, it is essential that we try every possible means to qualify ourselves, not only academically but also morally, as potential servants of the people.

解析：

文章分三段展开论述。第一段采用了归纳法展开，并以So归纳出全文的破题句。第二段举出徐虎、李素丽等当代全心全意为人民服务的典范人物，对论点加以论证。第三段是结论段，虽然没有明确给出推论，但字里行间充溢着对这种榜样的肯定和推崇。通过三段的论述，巧妙地传达了作者作为大学生的代表所表达的心声：以徐虎、李素丽为榜样，树立为人民服务的思想，学好为人民服务的本领。

范文三

The mourning dove is a game bird. Those who strive to put it on the "song bird list" describe the dove as an important weedcontrol agent, a songster, the bird of the Bible, and the bird of love, Peace and tranquility. To me, as a wildlife photographer, hunter and outdoorsman, this is hogwash.

The dove feeds on waste grain and weed seeds, but it does not control noxious weeds. The call of the mourning dove is pleasant to hear, but what of the scream of an eagle, the cry of a gull, or the cackling of a rooster pheasant? I find these calls to be the sounds that mother nature endowed each and all of her brood with. I find a pleasantness in the crowing of the rooster on the backyard fence. And the lamb and many other animals and birds are also mentioned in the Good Book.

Million of doves fall to the gun each hunting season, but under today's scientifically determined, conservative hunting regulations, the gun will never cause the loss of any wildlife species. I have faith in our state and federal dove management programs and in the professional biologist–conservationists administering them. The dove is listed as a migratory game bird by international treaty. It is more numerous in many states than many of the common song bird species, and because of the challenging sport and fine eating it offers, it is fair game during limited open hunting seasons in many states. The result: millions of manhours of wholesome outdoor recreation.

Hunters take approximately 10 percent of the dove population each year with the gun, but this harvest pales into insignificance when compared with the annual loss of 70 percent of the entire dove population through predation, disease, and accidents. Despite this pupulation turnover, the number of nesting birds stays much the same each year regardless of whether of not the state in question allows hunting of doves.

We are fortunate that the dove "puts up with" human beings and is able to nest near human habitations; this adaptability bodes well for its continued abundance. It will nest five of six times during the breeding season, and a pair may bring off twelve young in the course of a year. While some birds are still nesting when the hunting season opens, these solitary birds rarely are taken by hunters, who concentrate around the fields frequented by the migratory flocks.

I have listened to the melancholy cooing of the male dove as he serenades his mate. I have photographed the cycle of dove life from egg to adulthood. And I have shot them as they winged swiftly across a sunny September sky. The mourning dove is a supreme game bird held in high estem by the hunter. The dove's future is not threatened by the gun.

解析：

在文章的一开头作者就开门见山地表明了自己的观点：鸽子是猎鸟。然后从鸽子的食物、与其他猎鸟的类比等各个方面展开讨论，驳斥了对立面的观点，论证了自己的观点。在文章的结尾处作者再一次强调了自己的观点。

范文四

Punctuality is a necessary habit for everyone, Without it, many things could not be brought to a conclusion；many things would be in a state of chaos. A few minutes delay may cause some bad results. Getting up five minutes later than usual may upset the plan of the day. Calling on friend five minutes later than the appointed time may cause some expected trouble. Arriving at the railway station five minutes late means that you have to wait for another hour or more for the next train. What's more, if a person has formed the habit of unpunctuality, people will consider him unprincipled and untrustworthy.

解析：

文章的一开始作者就提出了论点：养成准时的好习惯对每个人来说都是很必要的。接着，通过实例从反面来论证这一观点。在文章的最后作者提出"有不准时习惯的人得不到信任"，进一步强化了论点。

Chapter 6 第六章

应用文体的写作教学实践

在英语写作教学中，应用文体的写作占据重要地位。英语教师在写作教学中不仅要引导学生掌握英语写作的用词、用语、思维等层面的知识，而且还需要教导学生掌握应用文体写作的相关理论知识，如此才能让学生在以后的工作中顺利写出工作中所需要的英语文章。为此，本章主要针对应用文体的写作教学实践展开分析，涉及英语书信写作教学、英语通知及其他常见应用文体的写作教学。

第一节　英语书信写作教学

书信在日常生活及社会事务的处理中，占据着十分重要的地位。即便是在互联网时代的今天，书信仍然是工作、生活中重要的沟通工具。互联网时代的电子邮件、短信、微信等丰富了书信的传播方式，但是并不能取代纸质书信。纸质书信（下文称书信或信函）仍然具有其他方式不可比拟的重要性。

首先，书信代表着一个人或者一个单位的形象。古话说“文如其人”，一封精雕细琢、措辞得体的书信会令人肃然起敬，有助于提升个人及单位的形象。而一封糟糕的书信则会产生消极的影响，甚至耽误正常的业务。

其次，书信比其他形式的沟通方式如电子邮件或者备忘录要正式得多。在国际交往中，书信仍然被认为比电子邮件等更有礼貌、更值得推崇。

再次，书信更具有法律效力。比如寄送给公司客户的书信往往经过层层审查、签名确认，通常被认为构成法律文件。

最后，书信比电子邮件更具保存性。书信在接收后可以登记、存档。电子邮件内容则容易被删除，不易保存，还容易发错对象，造成误解。

当然，要写好书信，尤其是英文书信，对我们来说并非易事。一方面我们必须具备扎实的语言基础，了解英文书信的书写规范和行文要求，另一方面，还要熟悉业务知识，并在实践中不断提高写作水平。除此之外，严肃认真、热情诚恳的态度也是写好书信的基本要求。

一、英文书信的组成部分

英文书信主要由以下几部分组成：信头（heading）、日期（date）、函号（reference number）、信内地址（inside address）、称呼（salutation）、正文（body）、结尾敬语（complementary close）、签名（signature）、随信附件提示语（enclosure line）、附言（postscript/p.s：）、抄送（copy notation/cc：）。cc 是carbon copy（副本）的缩写。

其中，日期、称呼、正文、结尾敬语和签名是一封信的必要部分，商业信函和公务洽谈信函往往还包含信头、信内地址、函号和标题等。

（一）信头（heading）

信头也称信端，内容排列顺序依次为写信人的单位名称、通信地址和联系方式。正式信函的信头一般是印好的，通常印在信纸中央的上端。如果手写的话，应放在信纸右上角。书写地址的目的是使收信人知道回信地点。英文地址由小到大排列，顺序是：门牌号码、街道名、城市名、州名/省名及邮政编码和国名。需要注意的是美语门牌号前不加No.，英国英语则需加No.，门牌号后加逗号；著名城市则不需写省名/州名，城市名、省名/州名、国家名均不能缩写。

（二）日期（date）

寄信日期可按日、月、年的顺序（英式），或按月、日、年的顺序（美式）书写。月份不能用缩略形式，日期可用基数词或序数词表示。

（三）函号（reference number）

函号是写信人编制的连续信函编号，以便查询之用，多由字母和数字组成。它的位置一般是在日期的下边。

（四）信内地址（inside address）

信内地址是收信人的姓名和详细地址。一般来说，社交信函可以省略此部分，但商业信函和公务洽谈的信件，都必须把姓名和地址在信内写一遍，因为但凡各种业务信函，处理者不止一人，容易引起混乱，所以必须引述。信内地址要放在信纸的左上方，位于信头日期下面两行。信内地址写法是：先收信人姓名、公司名称，后地址。收信人尽量是具体的人。当今时代，我们可以通过查找以往信件、电子邮件、公司或个人网站、直接给公司打电话等方式找到收信人的姓名。此外，确保收信人姓名前面的礼貌称呼正确（Ms.，Mr.，Dr.，Prof.），如果女性不要求称为Miss或Mrs.，可以通用Ms.。

例如：

Mr. John Black

Aston University,

Aston Triangle, Birmingham B4 7ET UK

Ms. Joan Black

The International Trading Company

No.5 Avenue, New York, NY 10017 U.S. A

（五）称呼（salutation）

开头称呼语是写信人开始信文的礼貌用语，一般书信中多用Dear开始，紧跟表示礼貌的头衔，然后是收信人的姓，后面用冒号。正式信函中绝不能用逗号。如果不能确定收信人姓名，可直接使用对方头衔，如Dear Credit Manager Johnson。如果不知对方性别，可称呼其全名，如Dear Terry Lee，尽量避免带有性别歧视的称呼，如Dear Sir，Dear Gentleman，Dear Madam，Dear Sir/ Madam。

（六）标题（subject）

商务信函在正文前加标题，注明信的要旨，以提醒收信人注意。标题常加下划线，开头可以加Sub.或Re.。

（七）信函主体（body of the letter）

信函的主体包含写信人要传达的信息，可能几行，也可能几段。不管信的长短如何，句子要简短，段落划分要明确，每段集中于一个话题，每段尽量不要超过六至七行。保证信件简洁、清晰、礼貌，语法正确，切中要点。正文的格式应与信笺上的其他部分格式相符，都是齐头式或缩进式。

（八）结尾敬语（complimentary close）

结尾敬语是信件结束时的一种礼貌用语，等于向对方表示正式再见。不管是社交信函或商业信函，如果双方不太熟悉，一般使用标准客套语，如Sincerely，Respectfully，Sincerely yours，Yours sincerely，Truly；如果双方比较熟悉，可以使用Cordially，Best Wishes，Regards，尽量避免一些华丽的辞藻，如Forever yours，Devotedly yours，Faithfully yours等，因为这类词语多用于浪漫小说中。结尾敬语多位于正文下面二至三行的位置，多从信纸中间写起，第一个词首字母大写，末尾用逗号。

（九）签名或签署（signature）

签署是写信人或其所代表公司的名称或标记。位于结尾敬语下面，偏向信纸右边。一般信函中，通常在结尾敬语和打印的写信人姓名或头衔之间留出一行，以便填写亲笔签名。

（十）附件（enclosure）

如果信件还附有其他文件，就必须在文中注明。附件是写信人告诉收信人在信封内还有其他的东西和书信放在一起。附件在签名以下两行。写信人可标示出一个或多个信中所提到的附件。经常使用的形式有：Enclosure（一个附件），Enclosures（两个附件），Encl.，Enc.等。

（十一）抄送（carbon copy notation）

抄送写在附件以下两行。抄送有明、暗两种方式。明示的抄送标记为cc，后面加上收件人或公司的名字，可打印在原件和复印件上。暗示的抄送标记为bcc，后加收件人或公司的名字，只打印在复印件上，并且只有写信人和收信人知道。

二、英文书信的格式

（一）信封的格式（Layout of Envelope）

英文信封和中文信封在格式上有很大区别。中文信封的左上角通常是收信人的邮政编码地址，中间是收信人的姓名，右下角是发信人的地址和邮编。而英文信封左上角写发信人的姓名和地址，中间为收信人的姓名和地址，右上角是贴邮票的位置，左下角注明邮寄方式。例如：

	Postage Stamp
Zhang Hua 28 Mochou Rd Nanjing，21 1029 Jiangsu Province People's Republic of China	
	Mr. T. Green Assistant Manager Green Brothers Company 417 King's Road，North Point Hong Kong
Air Mail	

（1）发信人的姓名和地址。先写发信人的姓名，然后写地址，但不写发信日期。英文地址的写法是由小到大，即先写门牌号码，再写街道、城市和省份（省外），以及国名（国外）。

（2）收信人的姓名和地址。先写收信人的姓名、职务（个人书信中此项略去），再写地址。

（3）邮寄方式。若是平信，则无须注明。常用的特殊邮寄方式有：Air Mail（航空），Registered（挂号）和Express（快递）等。

（二）内文的格式（Layout of Content）

英文书信的内文共有八个部分，包含五个必要部分和三个可选部分。五个必要部分是：信头（Heading）、称呼（Salutation）、正文（Body）、结尾客套语（Complementary Close）和署名（Signature）。三个可选部分为：信内地址（Inside Address）、附件（Enclosure）和附笔（Postscripts）。例如：

（1）信头及日期
（2）信内地址（可选部分）
（3）称呼
（4）正文____
____
____
____
（5）客套结束语
（6）署名
（7）附件（可选部分）
（8）附笔（可选部分）

正文的格式主要有平头式或齐头式（blocked form）、缩进式（indented form）和混合式（modified/ mixed form）三种。

1.齐头式（blocked form）

齐头式格式要求信头、日期、信内地址、称呼、正文、结尾敬语、署名等各部分均需靠左对齐。如使用有信头的信笺时无须再写信头。例如：

Dear Mr. Kelvin,
I feel I cannot let the occasion pass without writing a word of thanks for your very kind thoughts in providing such a magnificent dinner for us on the last Thursday evening.
I am sure that we all found the deliberations before the dinner extremely helpful, and I hope that your staff found the same.
We do hope that we will be able to build on the many friendships we made in Britain, and help to forge happy relationship between our two companies during future years.
Again with many thanks.
Sincerely yours,
×××

2.缩进式（indented form）

缩进式格式要求信头居中，日期放在右上方。信文每一段缩进五或六个字母的空间，结尾敬语和签名放置右下方。

Dear Mr. Kelvin, I feel I cannot let the occasion pass without writing a word of thanks for your very kind thoughts in providing such a magnificent dinner for us on the last Thursday evening. I am sure that we all found the deliberations before the dinner extremely helpful，and I hope that your staff found the same. We do hope that we will be able to build on the many friendships we made in Britain，and help to forge happy relationship between our two companies during future years. Again with many thanks. Sincerely yours, ×××

3.混合式（modified/ mixed form）

混合式格式是上述两种形式的混合应用。这种形式的信头、封内地址、日期和结尾敬语的书写位置大致与缩进式相似。其余部分左边对齐。由于计算机的普及应用，越来越多的信函采用方便易用的齐头式格式。

三、个人书信和事务书信

英语中的书信分个人书信和事务书信两种，二者差异如下表所示。

	个人书信	事务书信
用途	联络感情、交流信息	处理事务或执行任务
风格及格式	非正式，文风随和，格式简化	正式，文风严谨，格式规范

续表

	个人书信	事务书信
信头	可以简化，甚至只写日期	地址和日期通常齐全
信内地址	无	有
称呼	可以直呼其名，后面用逗号	用 Dear sir/ madam，用冒号
正文	以寒暄开头，以祝愿语结尾	开门见山，就事论事
客套结束语	Yours sincerely，Yours with love	Yours sincerely，Yours faithfully，Yours respectfully
署名	不必用全名，也无须加上头衔	用全名，必要时还要加上头衔
附件	可用	可用
附笔	可用	不用

（一）个人书信

个人书信最显著的特点是格式简化、文风朴实、表达自然、言之有物。现将需要注意的问题简述如下。

1.信头

信头的简繁应视收信对象而定。如写给熟悉的人，信头可以写得简单些，一般情况下只写日期即可；如收信人在异地，可加上城市名、省名或国名。此外，人们常常使用时间和地名的简略形式。例如：January the 15可写作Jan.15，the People's Republic of China可写作PRC等。

2.称呼

写给长辈可使用Dear Father，Dear Aunt等；写给同辈或小辈可直呼其名Dear Tom，Dear Wei Dong，Dear Brother等；写给朋友可用Dear John，Dear Mr. Wang。个人书信的称呼后面使用逗号。

3.正文

个人书信的正文一般包括以下三个部分：引言（Introduction）、意图（Purpose）和结尾（Conclusion）。

（1）引言。引言部分通常提及最近收到的来信或引发写信动机的某件事情，如：I have just received your letter. /I'm glad（or sorry）to hear …；也可以写一些问候语，或对收信者表示关心的内容，如：How are you? How time flies!

以下是几种常用于个人书信开头的表达方式：

How are you? /How are you getting along/on ?

How are you getting on with ...?

Do you remember ...?

I am sorry it has taken me so long to reply to your last letter but ...

（2）意图。意图部分陈述写信的缘由，是正文最重要的部分。行文既要清晰、言之有物，也要读起来饶有兴趣。

（3）结尾。正文的结尾通常写一些客气的话，可以表示祝愿，如“Best wishes to you.”希望不久与对方见面的话，如“I'm looking to seeing you soon.”或拜托对方向友人问候，如“Please remember me to...”

以下是个人书信正文结尾常用的表达方式：

With my best wishes. /Best wishes to you.

I will be looking forward to seeing you/ hearing from you soon.

I do hope that ...

Please give my love/ regards/ best wishes to ...

Please remember me to ... give our love to ...

（4）客套结束语。客套结束语主要取决于写信人与对方熟悉的程度，最常用的是Yours sincerely，对上级、长辈、老师等一般用 Yours respectfully，对同辈亲人用Yours lovingly或Yours with love。

（5）署名。署名也要考虑到与收信人的关系，可以署全名（如John Smith），也可只署名不署姓（如John），有时甚至还可以署小名或昵称（如Tony）。切记署名应该清晰易于辨认。

下面来看个人书信实例：

[实例1]主题：告诉友人对伦敦的印象

The Star Hotel,
14 Preston Aven.,
London, 100027,
England,
Aug.15, 2018.

Dear Susan,

I arrived in London last night and your friend Peter met me at the airport. I am glad he was there because I don't think I should ever have found my hotel alone.

Although I have not seen much yet, I think I am going to enjoy myself here. Last night Peter and I went for a "short walk". I had never imagined London was quite so big. We walked for over two hours and I had to take a train to get to the hotel.

I will write again in a few days and I am sure I will have a lot to tell you.

Yours sincerely,

Andre

[实例2]主题：不能参加朋友的生日晚会并解释理由

April 15

Dear Mr. Wang,

Thank you very much for inviting me to your birthday party, but I am afraid I will not be able to come.

We have had so much reading and assignment to do this week. Furthermore, there will be an exam next Monday. This means I have to work overtime throughout the week. I promised I would but now there is nothing I can do about it. I will be thinking of you when I am working in the library.

I hope your party is a success and I wish you many happy returns.

Yours sincerely,

Liu Yin

P.S.: I hope you manage to blow all the candles out!

（二）事务书信

事务书信的特点是格式严谨、文字规范。格式严谨主要表现在“内文地址”上。文字规范主要表现为措辞正式、严谨，较少使用缩略语，在称呼、客套结束语和署名方面也有特殊的要求。

1.信头和日期

信头常常意味着一个单位的标志，多数单位的信笺有印制好的信头，置于信笺上方的中央，但是日期仍位于右侧（如例1所示）；书写的信头通常位于信笺的右上方（如例2所示），最后一行写日期。信头的简繁随着写信对象和目的的不同而有所变化，简单的事务书信只写日期即可。

例1：

The Eastern Seaboard Corporation
350 Park Avenue, New York, 10017, USA
Telephone No. 225- 2788 Telex Call No. 225-2780
Fax No. RCA 543, E-mail: ESCo. @CA.com

April 20, 2007

例2：

The Eastern Seaboard Corporation,
350 Park Avenue,
New York, 10017, USA,
April 20, 2008.

2.信内地址

信内地址是事务书信和个人书信的最显著区别。信内地址就是收信人的姓名和地址，与信封上收信人及地址完全相同。顺序为收信人姓名、职务、地址。例3收信人为不熟悉的人士，例4收信人为已知的人士。

例3：

The Manager,
Sales Department,
Double Star Electric Company,
Beijing Road，Huangpu District,
Shanghai，20040.

例4：

Mr. Green,
Assistant Manager,
Green Brothers Company,
417 King's Road，North Point,
Hong Kong.

3.称呼

事务书信在称呼上有特殊要求。对不相识的男子或性别不详的人，常用Sir或Sirs（复数），Dear Sir或Dear Sirs（复数），也可用Gentlemen（总是用复数）；对不相识的女子常用Madam或Dear Madam，复数用Ladies 或Dear Ladies。如已经知道对方姓名、性别和职位，称呼为Dear Mr. Robinson，Dear Professor Wang等，事务书信称呼后面常用冒号。

4.正文部分

与个人书信相同，事务书信的主体部分通常也是由背景、意图、结尾三部分构成。

（1）背景。事务书信一般以提及某个写信的动因开始，如收到了某个信件，看到了某个广告或者经历了某个事情等。以下是事务书信常见的开头方式。

From a friend/ an advertisement，I have learned that ...

I am writing to inquire ...

Thank you for your letter of September 5.

In your letter of May 3'd，you inquired about ...

You may remember that I visited you last when ...

I was very sorry/ surprised to learn that ...

（2）意图。陈述写信的理由或希望对方做的事情。在细节顺序的安排方面，一般先写重要的事情，后写次要的事情。

（3）结尾。与个人书信不同，事务书信的结尾通常写一些希望对方办理或关注的事情，如“I hope that I can receive your reply soon. Should there be any changes，please let me know about it at the earliest time.”

以下是事务书信结尾常用的表达方式：

I am looking forward to your reply/ hearing from you soon.

I sincerely hope that you will be able to help me in this matter.

I would greatly appreciate an early reply.

I do hope that I am not giving you too much trouble.

I enclose a sample of the material you require/a check for $ 5 to cover the cost.

Would you please let me know as soon as possible whether you would be willing to ...

5.客套结束语

在事务书信中，可根据情况选用Yours sincerely，Yours faithfully，Yours truthfully，Yours respectfully。如称呼中用了收信人姓名，通常使用Yours sincerely，否则应选用其他形式。

6.署名

在事务书信中，除了写出全名以外，还应在姓名前加上Mr.，Mrs.或Miss等，必要时还要加上头衔，以便对方复信时以适当的方式称呼写信人。

下面来看事务书信实例：

咨询信（Letter of Inquiry）

咨询信是日常生活、商业活动中最常见的一种信函。写信人通过信函了解情况、获取信息。写作时通常首先说明去函的目的，然后提出咨询内容以及希望得到对方什么帮助等。

例：主题：询问出国学习事宜

Dept. of Computer Science,
Southeast University ,
Nanjing, Jiangsu Province ,
People's Republic of China,
Feb.8, 2008.

Office of Foreign Students,
The Australia National University ,
Canberra , ACT ,0200
Australia.

Dear Sir/Madam:

I am writing to inquire about the passivity of being enrolled in your university as a graduate student from September, 2007. I am a senior at the Department of Computer Science, Southeast University, expecting to graduate in July this year.

In the past three and half years, I have majored in Computer Science. Presently, I am doing my graduation project. Enclosed are my resume and the transcript of all the subjects which I have so far completed at my university. I have got an excellent score in the College English Test Band Six (CET –6) sponsored by the Educational Ministry of China and therefore my knowledge of English is adequate for me to continue my studies in Australia.

Please send me information on admission to your university. As I have no relatives in Australia, I would also like to know about the procedures for applying for financial aid.

Thank you very much. I look forward to hearing from you soon.

Yours sincerely,
(Mr.) Zhang Hua

四、英语书信写作教学的实践

（一）感谢信的写作教学实践

感谢信（note of acknowledgement）在中西方的作用和地位不太一样。在中国，如果我们表示感谢，一般会在当时就表达了，或以后亲自登门来表达谢意。只有陌生人帮助了我们或者归还了我们遗失的巨额财物，我们才会给这个人所在的单位写感谢信，所以感谢信在中国不是很常见。但在西方国家，人们一般在事后写感谢信来表示谢意，所以感谢信很常见。

感谢信一般分为三部分：首先描述感谢的心情，然后陈述感谢的原因，最后呼应开头，再次表达感激之情，或是想要报答对方的意愿。感谢类的便条一定要情真意切，发自真心，绝对不能过分渲染，过分夸张，但也不能敷衍了事。

范文1：

Write a note of about 50 ~ 60 words based on the following situation：You have got a crystal necklace from your boyfriend Erik as your birthday gift. You love the necklace very much and express your thanks to him.

Oct.27, 2007

Dear Erik,

Thank you for the gorgeous crystal necklace you gave me for my birthday.（表明感谢之情）You know, I have desired for a crystal necklace for a long time and it goes so well with the color of my eyes.（阐述感谢的缘由）I hope you can see how joyful I am wearing the necklace. Again many thanks for you.（再次表述感谢之情）

Love,

Amanda

范文2：

Write a note of about 50 ~ 60 words based on the following situation：Your roommate，Bree，helps you a lot when you are in the hospital. You are deeply moved，and decide to write a note to express your thanks.

Sept. 12, 2007

Dear Bree,

I fail in words to express my gratitude for what you have done during my stay in the hospital.（表明感谢之情）The note you took for me help me miss nothing in my study and I love so much the flowers and fruits you bought for me.（阐述感谢的缘由）Once again millions of thanks for your tender and loving care.（再次表达感谢之情）

Cordially yours,

Amanda

表示感谢的便条也有其固定的句型，现将这些固定句型归纳如下：

Thank you very much for the terrific send-off for us.

Allow me to thank you for the wonderful dinner prepared for me.

I'd like to express my heart-felt thanks for your hospitality.

I am writing to tell you how grateful I am for what you have done for me.

I want to thank you for the trouble you have taken.

Once again，many thanks for your time and effort.

Please accept my sincere thanks and best wishes.

Thank you very much from the bottom of my heart.

It would give us a great pleasure to render you a similar service should an opportunity occur.

Many thanks again for your beautiful book.

I would love to extend my thousands of thanks to you.

I thank you for your kind entertainment last evening.

I shall have great pleasure in accepting your invitation.

Accept my thanks for your handsome present.

（二）道歉信的写作教学实践

表示道歉的便条最重要的是态度问题，必须态度诚恳。致歉类的便条

(note of apology)可以按照如下三个步骤来写：首先表达歉意，应该注意语气和态度；其次，说明原因，应当如实陈述；最后，请求原谅，并提出弥补的措施等。例如：

Write a note of about 50 ~ 60 words based on the following situation: Your friend Clare has invited you to her house—warming party this weekend. However, you will be away then. Write her a note politely declining her invitation and expressing your best wishes to her.

Oct. 27, 2003

Dear Clare,

Congratulations on your moving into a new, big house and thank you for inviting me to your house—warming party. However, I'm sorry that I wont be able to come.(表示歉意)I will have to attend a very important meeting this Friday evening.(说明原因)I hope you will understand(请求原谅)and I will send a gift to you for this special occasion. I hope you enjoy your party.

Best wishes.

Yours,

Amanda

下面是一些在写致歉便条时常用的句型结构：

I'm terribly/awfully sorry to tell you that...

It is a great pity/regret to miss your birthday party.

I sincerely express my apology for not returning your book on time.

Much to my regret that I am unable to keep our appointment at 7 o'clock this evening.

Please excuse me for troubling you so much in this matter.

We hope you will pardon us for our fault.

Do forgive me.

We regret for the inconvenience we have caused you.

We wish to express our deep regret for the annoyance.

（三）祝贺信的写作教学实践

祝贺信（note of congratulation）是在亲人、朋友或者同事升职、毕业、结婚时所写的表示祝贺的信，所以祝贺信的语气和措辞都应该是积极的、喜悦的。祝贺信一般在开头表达对某事的祝贺，之后往往会加入一些对取得该成就或者这件喜事的评论或看法，最后送上真诚的祝福。

范文 1：

Write a note of about 80 ~ 90 words based on the following situation：You heard from your friend that your high-schoolmate Anderson got married last month. You decided to write a note to congratulate him on this happy occasion.

February 16

Dear Anderson,

I am delighted to hear of your recent marriage and would like to send you my warmest congratulations and best wishes for a very happy married life together.（祝贺）Everything I've heard about Emily points to her having the qualities that make an excellent wife. I cant think of two people more suited to each other than you and Emily.（评论看法）I am sending you a small present with this letter and I hope you will find it of some use.

With my best wishes to you both.（祝福）

Cordially,

Ann

下面是一些在写祝贺信时常用的句型结构：

What a wonderful performance!

I'd like to congratulate you on your success.

It's the most joyful news I have heard for a long time.

Heartiest / sincere / warm congratulation!

I feel happy for you ...

I must congratulate you ...

Please accept my hearty congratulations.

Congratulations on your being named this year's outstanding manager.

Best wishes for even greater success to you.

May you have an even brighter future in your career.

I wish you increasing happiness as the years go by.

Its a well deserved recognition of your excellent performance.

I believe you deserve the honor.

Please allow me to congratulate most heartily on your success in your examination.

I am glad to hear that you were appointed..., on which I congratulate you most heartily.

I congratulate you upon your success.

第二节　英语通知及其他常见应用文体写作教学

一、英语通知知识介绍

通知（Notice；Circular；Notification）是上级对下级、组织对成员或平行单位之间部署工作、传达事情或召开会议等所使用的应用文。通知的写法有两种，一种是以布告形式贴出，把事情通知有关人员，如学生、观众等，通常不用称呼；另一种是以书信的形式，发给有关人员，此种通知写作形式同普通书信，只要写明通知的具体内容即可。通知要求言简意赅、措辞得当、时间及时。

（一）英语通知写作要领

通知一般由标题、主送单位（受文对象）、正文、落款四部分组成。

（1）标题：通知的正上方通常要有一个标题，写在第一行正中。口头通知常用Announcement，书面通知多用Notice或NOTICE。如果事情重要或紧急，也可写“重要通知”或“紧急通知”，以引起注意。有的在“通知”前面写上发通知的单位名称，还有的写上通知的主要内容。

（2）称呼：写被通知者的姓名或职称或单位名称。在第二行顶格写。有时，因通知事项简短，内容单一，书写时略去称呼，直起正文。口头通知往往要有呼语，如Boys and girls，Ladies and gentlemen，Dear friends，Comrades等。

（3）正文：另起一行，空两格写正文。正文因内容而异。开会的通知要写清开会的时间、地点、参加会议的对象以及开什么会，还要写清要求。布置工作的通知，要写清所通知事件的目的、意义以及具体要求和做法。

（4）落款：口头通知通常不用落款；书面通知一般要落款，写发出通知的单位或个人的名称；落款分两行写在正文右下方，一行署名，一行写日期。写通知一般采用条款式行文，可以简明扼要，使被通知者一目了然，便于遵照执行。

（二）英语通知写作教学实践

布告形式的通知：通常在通知上方正中写Notice或NOTICE（通知），发出通知的单位的具体名称可放在正文前，也可放在正文后，右下角处，发出通知的日期写在左下角处。例如：

范文 1：讲座通知

Notice

A lecture about the second experience of the measurement of Mount Everest, is going to be held at Room 201 in the Building 4 from 16：00 to 18：00 on the next Wednesday. The lecture will be given by Prof. Liu，a scientist of China Safe Bureau of Surveying and Mapping. The height of Mount Everest was 8848.13 after the first measurement in 1975，and our scientist made a second measurement in 2005.

All who are interested in the lecture are expected. If you have some questions about Mount Everest，you can ask Prof. Look for the answers.

The Students' Union

May 1，2020

范文2：参观通知

Notice

Fellow students,

May we have your attention please? We have something important to tell you. We are going to organize all students in our school to visit the museum in our city this Saturday. You' re required to meet at the school gate at 7：00 in the morning. We'll go by bus and start out at 7：30. Pay attention that you must gather on time and follow the regulations of the museum while visiting. And we'll have our lunch at a restaurant near the museum.

That's all，thank you.

Regards

Yours

Liha

范文3：诗歌比赛通知

Notice

We' re going to have interesting activities in the school library at 8：00 a. m. on November 20，2020. By then，some of us will read poems and some will tell stories. You can also hear wonderful singing and watch beautiful dancing there.

We hope all the senior students can come and join in the activities. All the headmasters will be invited to our activities as representatives of teachers.

Please get one performance ready because some of you will probably be asked to give us one.

Students of Class 3，Senior 2.

November 11，2020.

范文4：项目通知

Notice

This is to announce that the university will organize a "Teach in the West program" .This program applies to all the undergraduate students on campus. The volunteers will teach at junior middle schools for a year in the west area，and the subjects are Chinese，English，Math，Physics and Chemistry. The specific locations of the middle schools are upon further notice.

Each year, many students from other universities volunteer themselves to work in the poverty stricken areas of the west to try to improve the education level there. We should also take the lead in response to the appeal for offering aid to children in poor areas. The children need us. Let us hold out our helping hands to them and do whatever we can to help them.

Your participation will be very much welcomed. Anyone who is willing to apply for the program can contact either the Student Affair Office of the university or the Student Union office & at working hours. For further information, please call 87653634 or 87653636.

The Student Union

二、其他常见应用文体的写作教学与实践

（一）便笺写作教学实践

便笺分为非正式的和正式的两大类型。在写便笺时，最重要的是格式正确、语言得体。正确的格式是指英文书信写作的最基本的形式。英文书信通常由六部分组成，信头、信内地址、称呼、正文、谦语和署名。但是便笺的写作有别于普通的英文书信写作，它属于非正式书信，因此格式简单清晰，篇幅短小精悍。在便笺的写作中，不需要信内地址，有时甚至连祝福和谦语也不必写。便笺的作文格式可以如下图所示：

Date (April 18, 2008)

Salutation (Dear Mary,)

I am very glad to...

If you can come to my birthday party, I'll...

Yours,

Anna

关于便笺的格式需要注意四点。

（1）日期的位置和写法。日期应该写在右上角。便笺的日期既可以写年月日，也可以是星期几，或是具体的时刻。英文中时间的表达方法有很多，如April 18，2020，18 April，2020，18th，April 2020，April 18，2020，但是，通常的写法是April 18，2020。

（2）称呼要顶格写。而具体的称谓则要根据关系的亲疏。例如，Dear Sir/Madam，Dear Amy，Dear Mr. Ryman，Dear Prof. Mackay，Dear Dean。

（3）正文第一行应该缩进四个字母，第二行则顶格写。但是，绝对不能像汉语一样第一个词是Hello（你好!）。

（4）落款。落款署名应该是在右下角，并且是右对齐。

谦语在署名之上，但是应该与正文空一至两行。谦语在使用时也应该根据关系的亲密程度来选择，例如：

Respectfully yours/ Yours respectfully，通常用于对方是长辈或地位官阶较高的人，表示尊敬。

Yours truly /Truthfully yours，通常用于对方是不太熟悉的人，表示客气。

Affectionately yours/ Yours cordially，通常用于对方是亲属或亲密的朋友。

Yours lovingly /Devotedly yours，通常用于最亲密的人之间。

此外，便笺在语言使用上也有一定的技巧。便笺的语气不能生硬，缺乏礼貌，在用词上应使用许多“请”字。如何正确表达“请”，从而使语气礼貌委婉，需要注意以下几点。

首先，尽量采用委婉的问句形式，并且尽量避免使用祈使句。“Would you please/like...”“Is there any possibility for you to...”和“Do you care to come to...”，语气就会显得更加委婉。

第二，使用would，should，might等情态动词，会使语气客气婉转。例如，“It would/could be fine if you will...”“Perhaps you might like to...”“You might as well do...”“If I may，I will...”

第三，将来进行时比一般将来时听起来更加礼貌委婉。例如，“I shall be waiting for your reply”就比“I will wait for your reply”显得更加婉转。同样，现在进行时比一般现在时更为委婉。

试比较“I am looking forward to the opportunity to work in your company”，“I hope to work in your company”这两个句子，差异是显而易见的。

最后，“请”字在英语中多样化的表达。我们使用最多的“请”就是“please”，但在英语中还有许多单词或词组表示同样的含义，例如，“Would you kindly pass me the salt?”“Would you be kind enough/ would you have the kindness to pass me the salt?”

（二）请假条写作教学实践

由于某种原因，如生病或特殊情况，不能亲自请假，才会采用写假条的形式告假。请假条（Note of Asking for Leave）多为事假条和病假条。请假条的主要内容包括对请假原因的说明、请假的期限以及可能的补救措施等。

范文1：

Write a note of about 80 words based on the following situation：You ask for a three-day leave because your mother called and you learned that your dear little brother will get married this weekend. You hope your boss，Mr. Spears will permit and you promise that you will try your best to make up for the missing work during your absence.

March 10

Dear Mr. Spears，

I'm sorry to apply for three days' leave from March 14 to 16.（提出请假要求并说明请假的期限）For my mother called me just now, and she said that my dear little brother would get married this weekend. So I need to go back to celebrate with him on this special occasion.（说明请假的原因）As concerning the missed work during my absence, I promise will do my best to make them up after I come back to the company. Wish for your permission.（提出补救方法）

Hugh

在写请假条时，有一些固定的句型结构可以使用，如下所示：

I am sorry to apply for ten days 1eave from... to....

I am terribly sorry for not being able to attend the meeting held...

I feel a great regret for not being able to...

I beg to apply for a seven-day leave from ... to....

I should be obliged if you would grant me my application.

Please excuse my absence from class.

Wish your allowance.

Enclosed is doctor's certificate of advice.

I will do my best to make up for them as soon as I come back.

I will try my best to catch up with them...

I will make up for what I have missed during my absence as soon as possible.

（三）邀请函写作教学实践

邀请函（note of invitation）是一种非常实用的便笺，在工作和生活中都会经常用到。邀请函一般由三部分组成，首先表达邀请的缘由、时间和地点三大要素，第二提出邀请，最后要求对方答复，最好注明最后时限。有的邀请函比较正式，例如，写给长辈、老师、上司或者客户的，还有就是写给同学、朋友等的非正式邀请，两者对语言和措辞的要求不同。试比较下面两条邀请函，请注意语言和措辞的差异。

范文1：

October 27, 2007

Dear Prof. Rochester,

We will hold a Masquerade in the College Entertainment Center to celebrate Halloween at 6:00 p. m. this Friday. We would be very delighted to have our teacher with us on this special occasion. If possible, please let us know whether you can come at your convenience.

Respectfully yours,

Zhang Fang

范文2：

October 27，2007

Dear Cathy,

We'll hold a Masquerade at 6 p. m. this Friday in the College Entertainment Center. Do you like to come and join us? I promise we'll have a wonderful time on that night. Call me at any time if you want to come.

Yours,

Fang

通过对这两封邀请函的比较不难看出，二者虽然在格式和内容上是一样的，但是在语言表达上则完全不同。第一封邀请函是写给教授的，所以在措辞上更加礼貌正式，例如，“Will it be possible that you come to be a guest teacher in this competitor?”“If possible，please let us know whether you can come at your convenience.”而第一封邀请函是写给同学或朋友的，所以语气相对来说随便了很多，诸如“Do you like to come and join us?”的使用都可以体现这一点。现将邀请函常用的句型归两类列出。

较为正式的邀请函表达方式：

We kindly request your presence at the Mid–autumn Soiree to be held...

May we have the honor to invite you to the Mid–autumn Soiree?

Wed like to invite you to our Mid–autumn Soiree...

Would it be possible for you to join our Mid autumn Soiree?

We would be so happy to have you come to Mid–autumn Soiree with ...

Will you please tell me what time will be convenient for us to get together?

I shall be very grateful if you can come to my place at your earliest convenience.

非正式的，邀请类便条表达方式：

We'd like to have you come to our dinner tonight.

Do you want/like to join our party?

Are you interested to come with us?

Do you care to come with me to the school prom?

Please reply as soon as possible.

范文3：

Write a note of about 50 ~ 60 words based on the following situation：You have got two tickets to a concert given by a famous pop band/ orchestra. Write a note to your friend Hilda/Mike，describing briefly what it is and invite her/him to come with you.

根据题目的要求，该邀请便条应属于非正式类。

10 a. m. March 17

Dear Hilda,

I have got two tickets for the concert given by the famous pop band Oasis at 7 p. m. this Saturday at Workers Stadium.（说明邀请的缘由、时间和地点）I love this band very much. Are you interested to come to the concert with me? I assure you'll love them.（提出邀请）Send me a text message ASAP.（要求回复）

Yours,

Melinda

Chapter 7 第七章

商务英语与科技英语文体的写作教学实践

英语写作技巧的掌握需要适应多种文体的要求，如商务英语文体、法律英语文体、新闻英语文体、广告英语文体等。只有对这些文体有充分的了解与掌握，才能在写作的过程中应用自如，为此，本章就针对大学英语应用文体的写作教学展开分析。

第一节 商务英语文体写作教学

随着世界贸易的兴起，商务活动愈加频繁，而商务文体写作也成为沟通不同国家商业活动的桥梁，其对于推进商务贸易、实现合作共赢有着重要作用。因此，商务人员必须具备基本的商务文体写作技能，以保证商务活动顺利开展。

一、商务英语文体的语言特点

（一）词汇特点

词汇是语言的基本组成单位。要分析商务文体的语言特点，首先就要分析词汇特点。

1.正式、规范

一方面，商务文体用词需要简单易懂；另一方面，由于商务活动涉及双方的利益，因此为了保证合作双方的利益，在选词时需要做到天衣无缝。正式词汇更能确保商务文书的准确性、严谨性，并增加文本的慎重感，所以正式词语在商务文体中的使用频率非常高。例如：

ask可以用request代替

end可以用expiry代替

prove可以用certify代替

like可以用along the lines of或in the nature of代替

before可以用prior to 或previous to代替

2.尽量简化

商务活动讲究务实高效，而缩略语化繁为简、快速便捷的特点使得其在商务表达中十分受欢迎。所谓缩略语，就是人们在长期的国际商务实践中，约定俗成、演变而确定下来的词汇。商务文体中的缩略语大致有四种，即首字母缩略语、首字母拼音词、拼缀词以及截短词。例如：

CSM← corn, soya, milk 玉米、黄豆混合奶粉

CAD← Computer-Aided Design 计算机辅助设计

medicare← medical+ care 医疗服务

trig←trigonometry 三角学

flu←influenza 流行性感冒

taxi←taximeter cab 出租车

（二）句法特点

1.提高客观性

为了减少主观色彩，提高论述的客观性、公正性和可信度。因此，被动句在商务文体中的使用频率较高。被动语态是语法范畴中的概念，用在商务文体中可以起到好效果。被动语态更多展示的是客观事实，具有说服力，强调核心内容，减少人物作为主语所带来的主观色彩。在商务活动中突出商务内容，增加可信度和文体的规范性。因此，为了语言表达的客观性、逻辑性、严密性，商务文体中应多使用被动语态。例如：

The pattern of prices is usually set by competition，with leadership often assumed by the most efficient competitors.

价格构成通常由竞争决定，并由效率最高的竞争者来担任主导角色。

2.增强准确性

虽然在商务活动中人们比较喜欢用简洁的语言来交流，但为了防止出现歧义，引起不必要的纠纷，人们需要清晰地表达出来所要说的是什么，这就导致商务文体中经常出现句义完整、严密的复杂句。当然，商务文体中的复杂句并不是啰唆冗长，而是必要的表达方式，它可以使要表达的概念和内容更加的清晰明了，使行文更加严谨。例如：

We may accept deferred payment when the quantity to be ordered is over 3,000 sets.

如果拟订购的数量超过3 000套，我们可以接受延期付款。

二、商务英语文体的写作方法

英语商业信函以书面形式在传递和交换商业信息的同时还体现出一个企

业或公司的“门面”和专业形象，因此，商务信函的规范性和得体性相当重要。同时，随着商务活动的发展，人们越来越崇尚实用那些简洁、自然、通俗易懂而又不失礼节的商务信函，那些古板的老套用词已不符合时代发展的要求。要写好一份简洁、明了、得体的商务英语信函，必须从以下几个方面入手。

（一）清楚

这里的清楚指的是表达的信息、内容要清楚，要使收信人明白信息的意图。所以，在商务信函中清楚地表达十分重要，否则即使信函的语言正确、文明有礼，仍难以使收信人明白。

请看下面例子：

Dear Mr. Wilson,

Thank you for your telephone call.

I have arranged for you to have a meeting with Susan Lander and a separate meeting with Diana Dell in the 16th November. You can meet her at 11 a.m. Unfortunately, she cannot go to lunch with you as they have to attend a sales conference.

With best wishes

上述是确认两个商业面谈的信函，却使收信人很费解，因为写信者在信中使用的代词并不一致，一会用“her”，一会用“she”和“they”，到底是谁并没说明，使得信息表达得很不清楚，而且在信的最后也没有署名。

（二）简洁

在写商务信函时，文字、语句等表达一定要简洁，但前提是保证信函的礼貌和完整。信函要突出中心和重点，不要绕圈子。所以，在写商务英语信函时，一定要使用一些简洁明了的句子和词汇，避免使用那些重复、陈旧的句子和词汇。例如：

（1）accompany—go with
accomplish—do/finish
accordingly—so
accumulate—gather
accurate—correct, exact, right
modify—change
not later than—by
with reference to—about

（2）in your favor—for you
due to the fact that—because
for the purpose of—for
in an effort to—to

上述例子中，（1）说明一些过时的、生僻的词汇可以用简单的、常用的词汇来代替。（2）说明重复、烦琐的用语可以用简洁的表达来代替。

（三）完整

信函中所陈述的信息、数据等事实必须完整，这样才能使收信人做出相应的回应或迅速采取行动。如果信息不完整，就会导致收信人在读信后不能及时做出判断，这样既费时又费力，还会增加商务成本。

来看下面例子：

Dear Ms Brown, I am writing to cancel my order. Please can you cancel my order because I do not need the things any more. Yours faithfully

以上是为取消订单而写的信函，其中就缺少一些必要的信息。上述信函没有一个标题。写信人在信中说要取消合同，但未说明合同编号。取消订单

的理由也没有在信中具体说明。写信人向收信人传递的是一个不好的消息，但写信人的口吻却有些轻描淡写，而且在信的最后也没有署名。

（四）正确

正确包括信函的拼音、语法、标点等应准确无误，这是商业信函写作的基本要求。在注意语法、拼音等正确的同时，也要注意使用合适的语体风格，这也是商务信函正确的一个体现。例如：

Group A

（1）I am in receipt of your letter dated 16 March.

（2）Thank you for your letter dated 16 March.

（3）Thanks for your letter of 16 March.

Group B

（1）I would appreciate it if you could tell me when the goods will arrive.

（2）Could you please tell me when the goods will arrive?

（3）When do you think the goods will get here?

以上两组内的句子表达的意思相同，只是正式程度不同，从正式到非正式，程度依次降低。这说明，在不同的情况下要使用与之相适应的表达方式，如果在应使用正式语体时使用了非正式的语体，则很容易使收信者产生误会，反之亦然。

（五）具体

在信函中传递的信息一定要具体、生动、形象，要有针对性地提出细节，切忌含糊、抽象的表达。试比较下列两组例子中的句子：

Group A

（1）The need for creative waste management solutions is increasing each year.

（2）With solid waste increasing at over 14% each year, the need for creative waste management solutions has becoming urgent.

Group B

（1）Mandy Jones had questions about the proposal.

（2）Mandy Jones had three questions about the proposal.

上述两组中的第二个句子与第一个句子相比较，增加了具体的数据，这使得收信人能更详细的了解信函的内容。

（六）礼貌

在商务活动中，礼貌得体，具有亲和力和人情味的商业信函对于建立和维系与客户的关系是十分重要的。因此，在写商业信函时，一定注意措辞和语气的使用。例如：

Group A

（1）I want you to send me the correct size of the dress.（curt demand）

（2）Would you please send me the correct size of the dress.（more polite）

Group B

（1）Do you think you could possibly send me the right order this time?（sarcastic）

（2）Would you please replace the order with the one we want?（more polite）

比较上述每组中的两个句子，可以看出，（1）例句以讽刺、唐突和无礼的口吻提出要求是很不礼貌的。（2）例句语气委婉、温和，显得有礼貌得多。

（七）避免以自我为中心

商务信函的写作应避免以自我为中心，应从对方的角度出发，站在对方的立场上考虑问题。如果信函是写给某个收信人的，应使其感到他/她受到了极大的重视，这对建立双方良好关系十分有利。必要时，可在信中提及收信人的姓名，这样会使对方感受到得到了特别对待。试比较下面两个例子。

We have received your request for permission to use our computers during the next session for summer school. We are pleased to inform you that you may use all 15 of the laptop computers your requested. Would you please come in and fill out the necessary paperwork any time before May?

Good news, Jessica! All 15 of the laptop computers you requested will be available for use during the next session of summer school. Please come by the office before May 1 to fill out the necessary forms.

以上两封信有着相同的内容，但有着截然不同的风格。第一封信是以自我为中心的，而第二封信是以对方为中心，显然后者给人的感觉更为亲切。

（八）直接传递“好消息”，间接传递“坏消息”

商务信函中所传递的消息并非全都是好消息，传递坏消息的情况也很多，因此对于这两种消息要以不同的方式传递。好消息或者是平常的信息通常以直接的方式表达。当必须对某一请求说“不”时或必须要表达一则令人失望的“坏消息”的时候，以间接方式表达是非常有效的。

请看下面实例：

传递“好消息”

Dear Mr Williams,

Further to our telephone discussion Thursday, I am delighted to tell you that we are now able to reduce the price of our Sony series PSP by 10%. This is due to the recent rise in euro.

We look forward to receiving your order. If you need any further information, please let me know.

Sincerely,

Jim Hutton

Sales Rep

传递“坏消息”

Dear Miss Liu

Thank you for taking the time and meet us regarding the sales manager position. We were impressed with your background and experience.

However, we are unable to offer you a position at this time. With your impressive credentials, I'm certain that you'll find the perfect job soon. I wish you much success in your endevours.

Sincerely,

Mandy Lin

Chief of personnel department

（九）富有人情味

商务信函虽然不像其他文体那样随意，但富有人情味的写信风格仍能引起对方强烈的好感，从而缩短和对方的距离。

我们通过比较下面两个例子来对此进行具体说明。

收到开证申请书

Dear Sir:

We wish to acknowledge receipt of your credit application dated October 5 giving trade and bank reference, and we thank you for the same. Please be advised that credit accommodations are herewith extended as per your request and your order has been shipped.

Hoping you will give us the opportunity of serving you again in the near future.

Very truly yours,

Sign

回复：收到证明

Dear Sirs:

Thank you for sending so promptly the trade and bank references we have asked for. I am so glad to say that your order has already been shipped on the terms you requested.

We hope you will give us the chance to serve you again.

Very truly yours,

Jane Austin

很明显可以看出，第一封信语气较为生硬、冷淡，采用的是中性的写作风格，而且还使用了很老套、陈旧的表达方式，如acknowledge receipt of, hoping...we remain等。而第二封信比较口语化，富有人情味，表达也非常简洁，使收信人对传达的信息一目了然。

第二节　科技英语文体写作教学

一、科技英语文体的语言特点

（一）词汇特点

1.使用缩略词

科技文体的重要特点在于简洁，在表达上要准确，而缩略词符合这一特点，因此缩略词常见于科技文体中。具体来说，主要可以划分为如下几种。

（1）首字母拼缀词。例如：

LED（Light-emitting Diode）发光二极管

BSE（Bovine Spongiform Encephalopathy）牛海绵状脑病

（2）截短词。例如：

copter（helicopter）直升飞机

Wiki（Wikipedia）百科词典网站

2.使用新词

随着科技的进步与发展，与科技文体相关的期刊文献不断增多，很多相应的著作也逐渐出版。这在一定程度上促进了科技新词的出现，并且有着广泛的领域。例如：

webmaster 网站维护者

executive recruiters 猎头公司

salary package 工资+福利薪酬

（二）句法特点

1.使用陈述句

科技文体中有很多是对自然现象规律的描写，其中有很多相关现象的定义、公式等。为了保证这类文体表达得更为准确且浅显易懂，科技文体中常使用陈述句。例如：

Basically, the theory proposed among other things，that the maximum speed possible in the universe is that of light, that mass appears to increase with speed, that...

基本上，这个理论，除了别的以外还提出：宇宙间能达到的最大速度是光速；质量随速度而增加……

2.使用被动句

被动句的使用主要是对行为者的强调，同时还能够将执行者加以隐藏。这一形式能够使语气更为强烈，避免出现语义模糊的情况。在科技文体中，被动语态是非常常见的。例如：

Loss of efficiency in the boiler will be caused by the dissipation of heat through the walls of the combustion chamber.

热量通过燃烧室的壁散失掉，将引起锅炉效率降低。

二、科普文体的构成及写作方法

科普类文章用通俗的语言向读者描述或介绍某种科学现象，其体裁可分为描写文和说明文。

（一）说明文

科普说明文通常具有科学性、知识性、应用性、解说性、条理性等特点。在进行说明文写作时，可以采取多种方式，比如举例子、类比或对比以及下定义等。另外，撰写说明文时，切忌题目范围太广，讨论问题太多，这样容易表达不清。另外还要准备充足的信息资料，如实例、数据等。说明文的用词一定要清晰准确，切忌用含混的语言和描述修饰性词汇。由于说明文本身比较枯燥，因此写作时应根据读者群体，适当调节内容。

（二）描写文

描写文是用语言描写事物的。描写文中，事物的形状、大小、质地、性状、颜色、性能、效用等是必须交代清楚的因素。除此以外，若该事物还具有某种实用价值，则还应将其使用方法、注意事项等描写清楚。描写类科普文章在写作之前应做好充分的准备工作，最好参阅大量的资料文献。另外，描写文中所使用的语言要尽量做到客观、准确，避免产生歧义，突出重点，将事物具有典型意义的方面突出出来。

三、科技论文的构成及写作方法

科技论文主要包括标题、作者署名及其单位、摘要及关键词、目录、正文、致谢、参考文献、附录以及作者简介。下面我们对上述这几个部分进行分别介绍。

（一）标题

科技论文标题应该能够高度概括整篇文章的主题和中心。这就要求标题应做到简洁明了、精练准确、恰如其分。

1.标题的书写格式

英文标题单词字母大小写有以下三种形式。

（1）开头第一个字母和专有名词大写，其余全部小写。例如：

Overview of Fischer–Tropsch synthesis in slurry reactors

（2）开头第一个字母以及每个实词的开头字母大写，若介词、连词包含5个或5个以上的字母则第一个字母也大写。例如：

Petrochemical Coke Combustion and Catalytic Reaction Mechanism

（3）全部字母大写。例如：

STYDY ON THE ATTRITION OF IRON CATALYST IN SLURRY F–T SYNTHESIS

以上三种标题书写方式中，前两种最为常用。由于读者对大写字母的敏感度相对较低，可能影响文章的可读性，因而使用的较少。

2.书写标题的注意事项

（1）标题应简明扼要，不宜太长，太长显得烦琐；也不宜太短，太短会使标题流于空泛、笼统。一般以12个为最佳，不宜超过20个字。

（2）使用名词短语作标题，一般不使用句子、从句、不定式或介词短语。

（3）标题应包含关键词，一方面突出文章重点，吸引读者，另一方面方便检索。

（4）标题中所有的术语都应拼写出来，而不要用俗语、符号、公式、略语以及缩写词。

（5）如果一个短标题不能概括文章的内容，可增加副标题，并用冒号分开。

（二）作者署名及其单位

1.署名

作者必须参与过研究的设计和开创工作，参加过论文的撰写，阅读过论文的全过程，并同意发表。署名时既可以个人署名，也可以集体名义署名，同时写明工作单位和地址。需要指出的是，作者姓名一定要用姓名的全称。

2.单位

作者单位应位于署名下面，按照由小到大的顺序书写单位地址。例如：

Determination of Shadow Prices of Commercial

Water and Electric Energy

Shi Xican

（Dept. of Hydraulic Engineering，Tsinghua University，Beijing 100084）

（三）摘要及关键词

1.摘要

仔细观察我们发现，国内外学术会议论文、学术著作、学术期刊文章等都包含摘要。摘要是对论文内容的高度概括，也是整篇论文的精华。摘要的存在不仅有利于读者迅速了解全文主要内容，还方便读者进行文献检索、促使国际科技交流。因此，摘要的写作是非常重要的。摘要可分为以下几种。

（1）报道性摘要

报道性摘要主要适用于描述试验、专题论述及单项研究课题的文献，通常用来表述论文目的、研究方法、研究结果、得出的结论等内容，向读者提供论文中的全部创新内容和尽可能多的定量或定性的信息。

（2）指示性摘要

指示性摘要通常用于创新内容较少或理论性较强的论文，通常是简要介绍论文的论题或研究目的，以使读者对论文内容有一个大致的了解，并不涉及文章的具体内容。

（3）报道—指示性摘要

报道—指示性摘要以报道性摘要的形式表述论文中最有价值的那部分内容，其他内容则以指示性摘要形式进行表达。

2.关键词

关键词是论文研究内容的最核心、最关键的概念。关键词的数量没有一个固定的标准，在学术期刊中一般为3～8个。

（四）目录

目录是论文正文部分的小标题，每个标题后面均附有页码。目录可使读者对论文的整体结构有一个快速、清晰的把握，同时便于读者查阅相关内容。

（五）正文

1.引言

引言通常位于论文正文的起始位置，主要叙述作者的写作目的或研究宗旨。若论文主要介绍研究所取得的新成果，则需要简要叙述相关研究的历史、现状、进展，说明自己对已有成果的看法，以往工作的不足之处，以及本研究的概述、研究成果的重要价值。若论文主要介绍一种新方法或新设备、仪器等，则要说明现有方法或设备的使用情况及其存在的问题，然后通过比较来介绍新方法、新设备的优势。

2.理论背景

作者为使读者对研究题目、研究的必要性或研究的独创性有一个大体的了解，通常会在引言之后做一个理论背景介绍。理论背景主要包括一些关键术语的定义和解释；国内外相关课题的研究现状、成果以及不足之处等。

3.材料和实验

材料和实验部分主要用来说明研究的对象、条件、使用的材料、实验步骤或计算的过程、公式的推导、模型的建立等。此部分内容的撰写需注意，实验过程的描述应具体、清晰、符合逻辑，使读者能够按其步骤重复试验。但如果作者只是详尽叙述实验过程，只需标明出处即可。

4.结果与讨论

结果与讨论是通过前面一系列步骤而得出的结果以及对这一结果的归纳和探讨。本部分是整篇论文研究的落脚点，决定了研究的意义所在，同时也为后面的结论提出了根据。需要指出的是，结论的阐述也应符合逻辑，使之既符合实验过程的逻辑顺序，又符合实验结果的推导过程。

5.结论

结论通过前面的研究、实验及其结果形成的总的观点，是对论文内容的概括。结论通常位于正文最后，主要包括研究问题的提出、研究内容、研究方法、研究的成果以及研究的意义。得出结论后，作者通常会根据这一结论提出一定的建议，即根据所得材料对后续的研究工作提出意见或方案。

由于结论是实验结果的逻辑发展，是整篇论文的归宿，因此结论的撰写必须准确、严谨、完整。结论的标题通常用Conclusion（s）或Concluding Remarks字样。有时论文会在结论部分就某一方面的问题追加论述，篇幅较长，此时结论部分的标题常用Discussion代替Conclusion。例如：

DISCUSSION

Determining conductivity over land areas by field measurement is subject to some approximation due to the effect of climate and terrain. Therefore, any conductivity map based on this type of information could give a general conductivity picture only. In addition, the density of field measurements will vary widely in different parts of the country resulting in a tendency for the map to vary in accuracy to the same extent. Even where the density of measurements is fairly high, i.e., southwestern Ontario, it is often necessary to define conductivity areas somewhat arbitrarily. The main value of this type of map is as an acceptable standard upon which satisfactory allocations may be made.

Within the above-mentioned limitations, it is considered that the new Canadian map gives a good general outline of conductivity as it exists in the country. Too much approximation is avoided by having the three types of conductivity designations. The map as a whole has been accepted by the Canadian Association of Broadcast Consultants as being fairly indicative of actual conditions. The unit, millimhos per meter, is used for values of conductivity throughout.

Since a body of water is practically homogeneous and there is very little scattering effect on a radio wave at broadcast frequencies, it seemed a reasonable assumption that conductivities over water could be measured more accurately than a 2 to 1 ratio. This was confirmed in the radials obtained on the lakes which followed the theoretical propagation curves very closely. Thus, the binary scale was abandoned for over-water propagation and the values as measured were assigned.

The new map is published in two sheets. The first sheet (Fig. 1) is on a scale of 1:6,336,000 and includes Canada as a whole. This scale was used because it appeared to be adequate and a base map was already available, thus facilitating immediate promulgation. However, a large portion of Canada's broadcasting stations are located in Southern Ontario and it had been past experience that a special need existed for agreed values in this area. Therefore, a second sheet (Fig. 2) showing Southern Ontario on a scale of 1:1,000,000 is also published. This sheet takes precedence over the first sheet in the applicable area. Specimens only of the two sheets are shown in Figs. 1 and 2.

It is admitted that use of this new Canadian map, in conjunction with the U.S. map, produces anomalous situations along the international boundary. This is a result of the two maps being drawn up by two different agencies evaluating information independently of one another. (It may be noted that other types of maps, i.e., soil maps, contain similar anomalies.) While it may be argued that conductivity anomalies of this nature are impossible in a practical sense, satisfactory allocations should result if the anomalies are treated simply as conductivity boundaries. It is anticipated that, eventually, negotiations between the F. C. C. and the Department of Transport will result in these anomalies being removed or minimized; this is why the present map is designated as "provisional". Until such time as these negotiations are completed and promulgated, the provisional designation will apply.

Due to the provisional status of the map, wide circulation will not be encouraged. However, agencies and individuals who have a need for copies may obtain them at $ 5.00 per copy (one copy comprising both sheets) by writing the Controller of Radio Regulations, Department of Transport, Ottawa, Canada. Checks or money orders should be made payable to the Receiver General of Canada.

（六）致谢

致谢并非论文的必要组成部分，但如论文的完成得到了其他人的帮助，则应在论文的末尾——一般位于结论之后对他人给予自己的指导和帮助表示感谢。

（七）参考文献

论文写作过程中往往会参考、引用大量的相关资料，为避免版权问题，同时表示对这些资料作者的学术尊重，论文的最后应列出所有参考的书目、期刊等。英语科技论文的参考文献可以列在每一页的脚注中，也可以放在正文之后。其排列较为严谨、复杂。下面我们主要介绍专著、学术期刊和未发表作品的撰写格式。

1.引用专著

引用专著要标明作者姓名、书名、出版信息，其中书名要用斜体表示，其格式如下。

[1] Parker, T. S., Chua, L. Q., *Partial Numerical Algorithms for Chaotic Systems*. New York: Springer–Verlag, 1989

[2] Reed, T. M., Gubbins, K. E., *Applied Statistical Mechanics-Thermodynamics and Transport Properties of Fluid*. New York: McGraw–Hill, 1991

2.引用学术期刊

引用学术期刊要标明作者姓名、文章标题、期刊名称、卷 / 期号、页码、出版年代。其中，期刊名要斜体，其格式如下。

[1] H. J. Orchard，"Inductorless filters" . *Electron Lett.*，V01. 2，pp. 223–225，June 1966.

[2] A. L. Schawlow, "Infra–red and optical masers" . *Solid State J.*, V01. 2, pp. 21–27，June 1961.

3.引用未发表作品

有时引用的材料即将发表，则应加上to be published（待发表）或in press（正在排印）或preprint（预印本）等字样。

（八）附录

附录是论文的附件，是为方便读者理解而对论文中提及的某个定理的证明、对某项内容的推导或对某一点的进一步说明。附录不是论文的必要组成部分，存在与否应根据论文写作需要来定。

（九）作者简介

作者简介也并非论文的必要组成部分，存在与否需根据杂志要求而定。作者简介主要包括以下几个方面的内容。

（1）作者的教育背景，包括毕业院校、毕业时间、攻读专业、获取学位等。

（2）工作经历，包括工作单位、工作时间、工作职责等。

（3）目前的科研方向。

（4）已发表的论著、科研成果、重点工程及获奖情况。

例如：

Kyung S. Kim is associated professor of theoretical and applied mechanics, University of Illinois at Urbana-Champaign. He received BS（1974）and MS（1976）degrees in mechanical engineering from Seoul National University, D.R. Korea. He received the Ph.D. requirements in 1979, he spent one year at the California Institute of Technology as a postdoctoral fellow. Since 1980, he has been a faculty member of the University of Illinois. Currently he is a visiting scholar at Harvard University for his Sabbatical leave. His research interests include dynamic plasticity and fracture, interface fracture, electronic packaging, fiber optics application in composite, and mechanics of brazing. He invented the transverse displacement interferometer（1977）and the stress intensity factor tracer（1985）.He received the Melville medal of the American Society of Mechanical Engineers with R.J. Clifton in 1981 for their contribution in dynamic plasticity research.

四、各类科技文体的构成及写作方法

（一）科技报告写作

尽管科技论文中的研究报告可以视为科技报告的一种，但科技报告与科技论文仍然有所不同。一般而言，科技报告比科技论文简短，仅作交流或汇报之用。科技报告既可以使用报告语体，也可以使用书信语体。科技报告可细分为测试报告、实验报告、进度报告、事故报告等多种类型。例如：

实验报告

Experiment to Obtain Crystals by Evaporation

Object of the Experiment

The object of the experiment is to make crystals by evaporation.

Theory

It is believed that if a solution is allowed to evaporate, its crystals will appear in the end.

Materials

Copper sulphate, beaker, Bunsen burner, water, evaporating dishes.

Procedure

The water in the beaker is heated with a Bunsen burner. Meanwhile, the copper sulphate is added and stirred until the solution is saturated. Next, the solution is poured into an evaporating dish and allow it to evaporate. The result is that crystals appear.

Reference

Laster, Ann. *Simple Experiments in Chemistry*. Education Press, 1979.

（二）产品说明书写作

产品说明书是和产品一起送给用户的说明产品用法，同时起到一定宣传作用的说明材料。它由生产单位编写，向用户介绍产品的用途、特点、主要技术数据、操作使用说明、维修注意事项等。不同的产品采用的具体的写作形式不尽相同，但其格式是基本一致的，主要包括以下几个部分。

（1）封面。封面上通常要标上产品商标、产品名称、规格型号、生产厂名以及产品的图样。

（2）前言。各产品前言部分的内容不尽相同，有的强调了编写说明书的目的或说明维修、使用好新产品的重要性，有的则介绍了新产品的主要性能特点，有的说明书则没有这一部分。

（3）目录。目录并非每份说明书都有。一般而言，内容很长的需要提供目录，否则就不需要目录。

（4）主要技术数据。这一部分的写作务必做到准确、简洁，可采用表格。

（5）使用方法。使用方法非常重要，撰写时应按照一定的程序说明产品的使用方法，最好配上插图辅助消费者参考。

（6）保养和维修。主要介绍产品保养的一般知识和维修的注意事项。

（7）附属备件及工具。除产品外，若还附赠有备换零件和工具，则应在此写明。

（8）封底。此处应注明厂址、电话号码、电报挂号，正中还可印上醒目的商标，以达到宣传目的。

需要指出的是，产品说明书的撰写必须实事求是，不能盲目夸大，本着对用户负责的原则进行撰写，如果写作内容和产品的实际情况不符，不仅可能失去用户的信赖，还有可能造成一定伤害。下面我们看一则台灯使用说明书。

Philips desk light

Thank you for your purchase of a Philips desk light!

Caution Warnings

For you protection, please read this manual and the safety warnings carefully before using the desk light and keep it for later reference. The manufacturer will not be held responsible for any damages caused by improper usage or modifications to the desk light.

Electrical Specifications

Voltage/Frequency: 220V – 50Hz

Power/Lamp: 27W/PL–F 27W/4P

Lampholder: GX lOq–4

Electrical Insulation Classification: Ⅱ

Operation Instructions

This desk light is not waterproof and is only suitable for indoor usage.

No alterations of any kind should be carried out on this desk light.

Do not use any voltage exceeding a 10% margin of the specified standard.

Do not touch the lamp inside or the lamp shade when the power if switched on.

Do not place flammable material near the desk light.

In case of operation failure, please switch off the desk light, unplug the power cord and contact your nearest Philips dealer.

This desk light is suitable for Philips PL–F/4P 27W compact fluorescent lamps only.

Installation

Take out the desk light body, base and clip.

To use the desk light with the base, insert the stem onto the base plate and tighten the fixing screw.

To use the desk light with the clip, mount the clip onto the desired surface and tighten the fixing screw, then insert the stern onto the clip.

The supplied clip is not suitable for use on tubes.

Maintenance

In order to ensure optimum performance, we recommend you to clean the desk light twice a year. When cleaning the desk light take care to use soft cotton cloths only.

Do not use chemical solvents to clean the desk light, it might damage the painted surfaces.

Caution: Please turn off the power and unplug the desk light before replacing the lamp!

五、科技英语写作教学实践与解析

下面我们通过实例对科技英语的写作进行详细分析和指导。

Acid Rain

Acid rain is the end product of a series of complicated chemical reactions that begins when sulfur dioxide and nitrogen oxides are spewed into the atmosphere from coal, oil; and gas–burning power plants, iron and copper smelters, automobile exhausts, and from such natural sources as volcanoes and wetlands. Each year the United States pumps out some 30 million tons of sulfur dioxide and 25 million tons of nitrogen oxides, most of which are man–made. Often carried aloft by the tall smokestacks that ironically were built to reduce local pollution, these gases enter the atmosphere, undergo further changes, and eventually react with moisture to form sulfuric and nitric acids. Prevailing winds can carry the pollutants for thousands of miles, often across national boundaries. Half to two–thirds of the pollution falls as acid rain or snow; some of the remainder is deposited as sulfate or nitrate particles that combine with dew and mist.

分析指导：

上例是一篇描述酸雨形成过程的科技英语文章。该描述方式和讲故事类似，区别在于，以上描述的过程也正是该事物形成发展的过程。就这篇文章而言，其写作方式是严格按照时间顺序进行的。尽管文中并未使用表时间顺序的词语，但通过事物的发展，我们还是可以清楚地了解到酸雨形成的三个步骤，先总结如下。

（1）Chemical reactions begin when sulfur dioxide and nitrogen oxides are spewed into the atmosphere.

（2）Carried aloft by tall smokestacks, the gases enter the atmosphere and eventually react with moisture to form sulfuric and nitric acids.

（3）After prevailing winds have carried pollutants for thousands of miles, they fall as acid rain or snow, or are deposited as sulfate or nitrate particles that combine with dew and mist.

通过上例及分析可知，在科技文章的写作教学中，教师应注意培养学生描述事物的能力以及描述事物的各种顺序方法，从而使文章表达更加严谨、符合逻辑。

Chapter 8 第八章

广告英语与新闻英语文体的写作教学实践

广告英语文体与新闻英语文体在应用文体写作中也具有重要的位置。在当前社会，广告、新闻铺天盖地，人们无时无刻不受其影响，广告是企业推广、宣传其产品的重要工具，新闻则帮助人们熟知社会上发生的各种事件。对于未来的社会人才而言，掌握一定的广告英语、新闻英语文体的写作知识，将有助于他们更好地适应社会发展的需求，同时谋得自身的发展。为此，本章主要研究广告英语与新闻英语文体的写作教学实践。

第一节　广告英语文体写作教学

一、广告英语的定义、分类、要素

（一）定义

据考证，“广告”一词源于拉丁文中的advertere，意思是“唤起大众对某种事物的注意，并诱导于一定的方向所使用的一种手段”。目前，国内外学者对“广告”一词的解释各不相同，所以要为“广告”下一个确切的定义是很难的。

美国广告协会将广告定义为：广告是付费的大众传播，其最终目的是为传递情报改变人们对于广告商品的态度，诱发其行动而使广告主得到利益。

《简明不列颠百科全书》关于广告的定义是：广告是传递信息的一种方式，其目的在于推销商品、劳务，影响舆论，博得政治支持，推进一种事业……

（二）分类

广告的种类有很多，但从整体上可以归为两大类，即商业广告和非商业广告。商业广告通常是由企业、公司等经济组织推出的以促销为目的的一种广告，而非商业广告则是由政府部门、宗教团体、慈善机构、个人等非盈利组织推行的公告、启示、求偶、寻人等广告。

按照地理分类，广告有国际广告、全国性广告、区域性广告和地方性广告；而按客户分类，则有消费者广告和企业广告；以媒体分类的广告有印刷广告（包括报纸杂志等）、电子广告（包括广播、电视、网络等）、户外广告和邮寄广告等。

（三）要素

不管是商业广告还是非商业广告都含有以下五个要素。

（1）非人员。广告的对象不是单一的某个人，而是特定的人群或整个公众。

（2）有特定的广告主。任何一个广告都是有一定的人或组织为一定的目的而推出的。

（3）费用。除有些公益广告为免费广告之外，广告的费用一般都是由广告主支付的。

（4）传达一定的信息。广告的信息可以是有关商品的，也可以是有关某种经济、政治、慈善、宗教、寻人、求偶、启示或社会观念的。

（5）通过一定媒介进行传播。大多数广告是通过报纸、杂志、电视、广播、招贴等媒介传递信息的。也有一些广告采用传单散发、邮寄、橱窗布置、商品陈列等形式。

二、广告的基本结构

一般来说，一则广告通常由文字和非文字两个部分组成。文字部分主要包括广告的标题、正文、口号和附文；而非文字部分主要包括插图、色彩、外缘和版面设计等。[①]下面就对广告的文字部分进行研究。

（一）标题

广告的标题是广告的核心部分，一般要选用较大的字体，并放置于广告的醒目位置，以引起消费者的注意。标题通常又包含引题、正题、副题三个部分。引题位于正题前面，是广告正题的引言，起到引起话题的作用，一般不含重要信息。正题是标题的主体部分，也是广告的重心，它集中了广告文案的最重要的信息。广告正题一般用比引题和副题大的字体来加以突出。辅题通常是进一步说，或者是对正题提出问题的解答，具有进一步丰富正题的

① 潘红.商务英语英汉写作教程[M].北京：中国商务出版社，2004.

作用。

一则好的广告标题需要具备四个特征：（1）位于广告的醒目位置；（2）迅速引起无目的阅读和收看的受众的注意；（3）诱使目标受众进一步关注正文；（4）直接诱发产生购买行为。

（二）正文

广告正文就是广告文案中处于主体地位的语言文字部分。正文也是广告最重要的组成部分。它的主要功能有：对广告的主题展开解释或说明，将在广告标题中引出的广告信息进行较详细的介绍，对目标消费者展开诉求。[①]广告的正文可以使读者了解各种他们希望获得的信息，使他们在对正文的阅读中建立对产品的兴趣、信任，并产生购买欲望，从而促成购买行为的产生。可见，广告的正文具有明显的信息性和劝说性。

（三）口号

口号是广告中的主题语，即用十分精练的语句概括出一则广告的主题，起到加深印象和宣传鼓动的作用，同时也可以体现商品和企业的形象。例如：

Good to the Last Drop.（Maxwell House咖啡）

Just do it.（Nike 运动鞋）

三、广告英语文体的语言特点

（一）词汇特点

1.使用缩略语

许多广告还使用缩写词。现在广告费用极其昂贵，使用缩略语可以降低广告成本，节省篇幅。例如：

---

① 傅敬民.实用商务英语写作教程[M].上海：华东理工大学出版社，2011.

（1）Take it to the“net！”（net是Internet的缩略）

（2）We found’em we got’em.（’em是them的缩略）

（3）Nice’n Easy.（’n是and的缩略）

2.模拟生造新词

从心理学的角度说，广告对读者的吸引力主要来自语言的新奇和出人意料，从而激发阅读兴趣。创造新词可以让消费者自觉地联想到产品的独创性。根据英语的构词规则，造一个独创的且易为读者理解的词，可以大大加强广告的新鲜感和吸引力。例如：

DRINKA PINTA MILKA DAY

这则广告很容易激发人们的好奇心，但是人们很难立刻理解其含义。原来，这则广告是根据发音来拼写而成的，意思是Drink a pint of milk a day。可见，广告的设计非常匠心独运。

（二）句法特点

1.广泛使用简单句

简单句一般具有较强的口语性特点。为了减少广告费用，需尽量减少篇幅，这就要求广告必须用最少的版面、最精练的语言，传递出最多的信息。多用简单句，口语性强成为广告英语的重要特点之一。例如：

（1）Take Toshiba，take the World.（Toshiba电子公司）

（2）It’s your life. It’s your store.（acme超市）

（3）It’s All inside.（JC Penny专卖店）

显然，上述这些句子都很简短精练。而且，广告英语中形式简洁、内容浓缩的短句常常具有警句、格言的意味。

2.多用并列结构

广告英语为求得简洁易懂，常倾向于更多地使用并列结构，而相对来说较少使用复合结构。这是广告英语在句法结构方面的一个重要特点。例如：

（1）Today’s AARP—Your Choice. Your Voice. Your Attitude.（AARP为一家咨询机构）

（2）To laugh. To love. To understand each other.（《娱乐世界》广告）

四、广告英语的写作

（一）标题的写法

广告标题位于广告的最顶端，字体也是最大的。标题在书面广告中具有非常重要的作用。一般有以下四种形式的标题。

（1）新闻标题型。这是一种像新闻报道一样的标题形式。它通常会报道新型的商品或者是旧商品最新使用方法。大多数人都喜欢追求新事物，而这类标题就是从人最感兴趣的特点入手，增添了很多吸引力。

（2）直截了当型。该方法针对生活中人们很多未能得以满足的需求，直接抓住问题的所在，给出解决问题的方法。采用此方法应尽量使用疑问句或祈使句的形式。例如：

Discover the wonder of your fist Dash wash!（Dash洗涤剂）

What MORE for your money?（More香烟广告）

How to pick cottons that stay pretty?（Sanforized）（服装广告）

（二）正文的写法

正文的写作方法没有固定的模式，可以根据商品的性质、广告的目的随心所欲地使用各种文句；体裁上可以用小说体、论述体等；语体上可以用口语体、书面语体等形式。正文的内容可以使用两种类型，即感情型和理智型。前者是激发人的感情和情绪的，而后者旨在刺激理性和理智方面的东西。

（三）口号的写法

在撰写广告的口号时，需要做到以下几点。

（1）口号的语气要显得明确肯定，积极向上。

（2）语句尽量短小明了，这样才能引起人们的注意并能方便大家记忆。

（3）要有较强的节奏感，以便消费者阅读。

（4）口号的语言要简洁，多用口语。

（5）广告的含义要富于竞争性，体现企业精神。

请看下面几条广告口号的写法：

Take time to indulge.（Nestle冰淇淋）

Absolute Vodka. Absolute Homage.（酒广告）

The relentless pursuit of perfection.（凌志Car）

We integrate，you communicate.（三菱电工）

Once is never enough.（AIR FRANCE）

With Independence，ambition and entrepreneurial.（Saturn公司）

NUTRACEUTICS—Quality living for the rest of your life.（药品广告）

五、广告英语写作教学实践与解析

范文1

FINAL Selection

NOW OPEN

Any house can give you a "Family Room".

At Saddlewood you get room for a family.

Like many communities，the homes at Saddlewood at Manchester Farm come with a family room. But，unlike most，our homes also come with room for a family.

Located in a community that welcomes kids，Saddlewood offers swimming and wading pools，a "cme-home-dry" bathhouse，tot lots，play areas and paths for biking and jogging，and a school，safe from your home.

You'll find room to live，room to grow in...four generous bedrooms...sunny breakfast room，elegant dining room，both with bay windows...a full basement，ready for entertainment，study and bath.

A backyard with room for weekends of cookouts...and a big double garage.

Come and see the community that offers everything a family could want room. From the $230's.

DIRECTIONS: 1 ~ 270 to Clopper Rd.（Rte. 117）W.3 miles，cross Rte 118，right on Hopkins Rd. Sales office on Left.

HOURS: 11 ~ 7 daily

PHONE:(301)428-9185 ARTERY HOMES

这是一则卖房子的广告。这则广告是实实在在的理智型广告，通过对房子的空间、大小、后院等的介绍，使消费者明白这确实是一个适合居住的房子。同时给出的价格也不是太贵，这样就给消费者以物美价廉的印象，更加具有说服力了。

范文3

Bare essentials,
Bold alternatives.
A quiet confidence
That comes
From within.
Simple pieces,
Simple living,
Another autumn,
An easier style.

—Bloomingdale's store

这是美国著名的百货商店Bloomingdale's 的广告。广告采用诗歌体，通过诗一样的语言，创造出生动的意象，旨在使受众对产品产生联想，引起对产品的美好印象。

范文4

Celestial Seasonings...enchanted

Herb teas.

Enchanted, because no matter what kind of mood you're in, we have a wondrous herb blend that's always in the mood for you. After a gentle night's sleep, you might feel like charging into the streaming sunlight of a brand new day. Let Morning Thunder help your spirits soar. Or perhaps on a soft sylvan eve you just need a little peace and rest. Try sharing a cup of Sleepy-time to round off your tranquil mood.

Visit our wondrous herb teas in your favorite store. And experience a Celestial rainbow of flavors.

The herb tea that's always in a mood for you.

这是一则中草药广告。该则广告就运用了比喻的修辞手法，将这令人心醉的汤药比作天上的调味品，这样这个草药的美味就不言而喻了。

范文5

Lotto America

THINK BIG

WIN BIG

DISTRICT OF COLUMBIA

LOTTO AMERICA

Wednesday's Jackpot

$8 MILLION

PLAY TODAY!

这则乐透广告是诗歌体的形式。这种形式尽管内容并无太大新意，但是形式新颖奇特，并且简单易懂，易于被消费者所接受。

范文6：

经典广告欣赏：

Above all in refreshment.

雪乐门，心旷神怡的极品。（雪乐门香烟）

A modern car for a modern driver.

现代人开现代车。

A Simple Solution For A Healthy Home.

保持家庭健康的简便方法。

Do your teeth a favor.

令您皓齿生香。（佳洁士牙膏）

ASIAN TIMES. YOUR ASIAN INSIDER.

亚洲时报——令你亚洲万事通。

Its sound is as unique as its shape. Its brakes are as unique as its engine. It's not built to be something to everyone，buy everything to someone.

它有独特的声音与外形。它有独特的制动与引擎。它并非为所有人而制造，但它能够满足有些人的所有要求。（Porsche保时捷汽车）

We take no pride and prejudice.

我们既不傲慢，也无偏见。（《时代》杂志广告）

Ludanlan—Love me tender，love me true.

绿丹兰——脉脉含情，情意真真。

Wear it and be happy.

真香，真乐！（CLINIQUE HAPPY香水广告）

When you're sipping Lipton，you're sipping something special.

抿口立顿，体味非凡。（立顿果茶）

Think different.

所思所想与众不同。（苹果电脑）

第二节　新闻英语文体写作教学

一、新闻英语文体的语言特点

（一）词汇特点

1.使用简短词

一些形象动动、简明扼要的简短词在新闻中经常被使用，它们可有效增强新闻的可读性与趣味性。例如，在表述“破坏”时，新闻文体并不用damage，而是用hit，hurt，wreck，ruin等。

2.多用新造词

新闻最能体现社会的发展，常报道一些最新情况和新鲜事物，因此常使用一些新造词，同时淘汰一些不适应社会需要的旧词。例如：

news blackout 新闻封锁

citynik 都市迷

holiday blues 假期忧郁症

（二）句法特点

1.使用被动句

新闻的首要目的是向大众传播信息，为了突出重点，让读者更快地了解信息和事件，新闻文体常广泛使用被动句。例如：

At least 53 persons, most of them children, were killed Saturday in a bus accident in the central part of France.

伤亡人数和对象是上述报道想要强调的内容，所以上述报道采用了被动形式，突出了信息中的重点。通过被动句表示的效果是陈述句远不能相比的。

2.使用套话与行话

新闻文体中有着固定的套语和行话，如在表示新闻来源时，就可以采用与之相对应的套语或行话：

It has been announced that... 据称……

According to reliable sources... 据可靠人士称……

上述套话不仅使用便捷，而且能有效提高新闻工作效率，因此备受新闻工作者的青睐。

二、新闻英语文体的写作方法

（一）标题的写作方法

1.词语的选择

（1）省略

英语标题最突出的特点当属省略，一般情况下省略的词语以虚词为主。

这其中包括省略冠词、物主代词、系动词、助动词、连词等。例如：

State's garage sale reels in buyers aplenty

（=The State's garage sale reels in buyers aplenty）

州府旧物卖场甩货，大量买客纷至沓来

（《洛杉矶时报》，2009年8月29日）

Anger as abortion provider Marie Stopes offers staff free terminations as "job perk"

（=Anger as abortion provider Marie Stopes offers its staff free terminations as "job perk"）

堕胎机构玛丽斯特普向员工提供免费堕胎“福利”引发愤怒

（《每日邮报》2010年8月8日）

College send-off still scary

（=College send-off is still scary）

送孩子上大学还是胆战心惊

（《洛杉矶时报》2009年8月29日）

Abuse of trust hitting elderly

（=Abuse of trust is hitting elderly）

滥用信任使老人遭殃

（《新西兰先驱报》2010年8月8日）

Obama Administration to Mediate BlackBerry Bans from UAE, Saudi Arabia, others

（=Obama Administration to Mediate BlackBerry Bans from UAE, Saudi Arabia and others）

黑莓在阿联酋、沙特等国家遭禁，奥巴马政府将从中调解

（《纽约时报》2010年8月6日）

（2）使用短小词

标题是为了集中、概括新闻内容，把最重要的新闻内容用最简洁的文字加以提炼。英文报刊除了采用省略某些功能性的虚词外，还常使用一些形象化的词汇及日常用语，而且在选用动词方面也别具特色。

新闻英语传递给读者的一般都是最新的政治、经济、科技、文化等各方

面信息。为了适合大多数读者的阅读水平，在选词上避免使用深奥、晦涩且音节多的词，取而代之的则是一些简短、形象、口语化的词语。这一点在新闻英语标题中尤为突出。一些简短的形象化词汇与日常用语在标题中的运用不仅形象生动地浓缩了新闻主题，而且极富吸引力，使读者读来更觉亲切、自然。例如：

Can I Grow a New Brain?（*Time*）

能再复制一个脑袋吗？

此外，在动词选用方面，一般不使用字母较多的冗长动词，从而方便读者阅读和理解。比如表示“受伤，损伤”等意思的damage，通常都是用harm, hurt, hit, ruin等来替代。

（3）使用缩略词

缩略词包括缩写词（一些组织机构或专有名词的简称；表示职业、职务或职称的一些名称；表示某些人们熟悉的事物名称）和截缩词。

2.时态与语态

在新闻英语标题中最常用的时态是一般现在时和现在进行时。但一般现在时除了行使本身的功能外，还行使一般过去时和现在完成时的功能。例如：

Earthquake Rocks Taiwan （*Time*, 2000）

地震震动了整个台湾岛（现在完成时功能）

Hong Kong court rejects property tycoon's challenge

（*The Wall Street Journal* Sep.,2009）

香港法院拒绝房地产大亨的挑战（一般过去时功能）

此外，新闻标题中常用不定式表示将来时态。例如：

No charges to be filed in Richardson case

理查森一案将不予起诉 （《洛杉矶时报》2009年8月29日）

GM, REVA to develop electric Spark minicar

（*The Wall Street Journal* Sep.,2009）

通用汽车公司和雷瓦公司将开发电动Spark微型车

（二）导语的写作方法

下面将着重介绍直接导语和推迟导语的写作。

1．直接导语

所谓直接导语，就是在文章的一开始就告诉读者这个故事的最重要的方面。直接性导语在新闻报道中比较常见。这类导语的使用非常频繁，大多数的叙述都使用这种方式。

2．推迟导语

推迟导语一般用于新闻特写中和那些不是正在发展或发展很快的事件中。它总是以一个事件、轶闻或例子引出背景或唤起情绪。延缓性导语的特点是采取一种带有文学色彩的写作手法，使导语更加生动活泼、情趣横溢，从而激发读者的兴趣。

三、新闻英语写作教学实践与解析

案例一

For the Families of the Dying, Coaching as the Hours Wane

Greg Torso's death announced itself with a long exhale and then silence, as the breath literally left his body. His mother had been told to expect this, so she was not scared.

Ms. Torso had worried that an undertaker would barge in moments after her 42-year old son died, before she had had time to say goodbye. She had been assured she could spend as much time with the body as she wanted.

Could she bathe and dress him? Save a lock of his hair? Commemorate his passing with wine and reminiscence at the bedside? All of that was fine, she had been told, setting the stage for a death that she later said had left her "on the edge of euphoria" .

Ms. Torso was coached and consoled through the final days and hours of her son's life, a rarity even under the umbrella of hospice, which for three decades has promised Americans a good death, pain-free, peaceful and shared with loved ones at home.

But there is a growing realization that hospice has its limitations. Doctors, nurses, social workers, clerics and volunteers are rarely there for the final hours, known as active dying, when a family may need their comforts the most.

（*New York Times*, May 20, 2006）

解析：

（1）“his body，His mother，She，him”等词必须通过前照应（reference）才能理解，his body指的是Greg Torso的身体，him指的是Greg Torso，His mother是Greg Torso的母亲，也就是下文中的Ms．Torso。

（2）为了避免简单重复，往往可以采用不同的词汇来表达同一个人或事，如文中使用了her son，her 42-year-old son来指称Greg Torso，进而达到词汇衔接（lexical cohesion)。

（3）文中使用了多种表示逻辑概念的连接词进行连接（conjunction）。

表递进关系的有：and

表转折关系的有：but

表因果关系的有：so

表时间关系的有：then，as，after，before，later，when

表比较关系的有：as much time...as she wanted

案例二

Siamese Twins in “clear all roads” Drama Siamese twins, joined at the chest and born prematurely to a young wife on holiday, were raced 130 miles from Lincoln to London last night.

The twins—girls, with a combined weight of 81b—were taken to Great Ormond Street Children’s Hospital. They were said to be in “fair” condition.

Police in five counties had joined in an emergency link-up to speed the ambulance. The order went out: All road junctions must be kept clear.

Inside the ambulance the twins were tucked up in an incubator. A doctor and two nurses watched over them.

Outside, police cars and motor-cycle outriders buzzed around in relays until, after three hours 25 minutes, the ambulance reached Great Ormond Street. A

CHANCE.

A doctor at the Lincoln maternity home where they were born yesterday said: “Apart from being a bit premature, they are reasonably satisfactory.”

They were transferred, he said, because specialised treatment offered them the best chance of survival.

He added, “I think it will be very difficult to separate them.”

The mother, who is in her 20’s, was an emergency admission at the hospital. Last night she was “pretty well” .

She and her husband—they have no other children—were on holiday and are believed to be from Essex. The hospital said the parents did not want their names disclosed.

The doctor said: “We had no idea the babies were joined until they were delivered.”

And that, for ambulance—men Ernest Skelton, aged 40, and Eric Toyne, 25, meant a hectic dash to London.

At 5.25 P.M. a call came through to their station.

The ambulance loaded an incubator – always kept heated at the ambulance station —and was soon heading south.

Drivers Skelton and Toyne, both married with two children, took turns at the wheel, HIGH SPEED.

They reached the A1 at Newark, 14 miles from Lincoln and raced down the dual—carriage way, caring up the 120 miles to Hatfield.

At 8.20 they stopped for petrol at Hatfield.

At 8.35 – 15 minutes and 15 miles later—Hertfor—shire police handed them over to the Metropolitan Police for the final lap. Most of that was covered at speeds reaching 80 miles an hour.

James Wilkinson, Express medical reporter, writes: Siamese twins occur in only one in 50,000 births. But as the majority are still–born, the chances of live Siamese twins being born are much rarer.

Doctors will perform many tests and study X–rays before deciding exactly how they should be separated.

The last separation operation in Britain was in June 19, 1964 at St. Bartholomew's Hospital, London, on the year-old Siamese twin daughters of Mr. and Mrs. James Fenwick, of Nottingham, who were joined at the head.

One of the girls died half an hour after the operation. The other survived.

解析：

这篇新闻稿件的突出特点是使用了许多具有口语色彩的词语，如clear all roads，raced，a hectic dash，buzzed around in relays，eating up the 120 miles to Hatfield等，使得语言明白如话，通俗易懂。

新闻的读者群体庞大，分布在各个年龄段、性别及阶层，因此，新闻写作要讲究通俗易懂，深入浅出。英国报业之父笛福曾经在谈到自己的写作原则时说，要假设自己是在对500个不同职业的人讲话，并使每一个人都能听懂。西方新闻界对新闻语言的通俗话十分重视。新闻要用浅显的文字、生动的比喻或者公众熟悉的语言来表达信息内容。这篇稿件就是一个很好的范例。

案例三

The Simple Life Comes Back

These are the humble makings of a new American revolution in progress; macaroni and cheese, Timex watches. Volunteer work. Savings accounts. Domestic beer. Local activism. Sleds. Pajamas. Sentimental movies. Bicycles. Cloth diapers. Small town ways. Iceberg lettuce. Family reunions. Board games. Hang-it-yourself wallpaper. Push-it-yourself lawn mowers. Silly Putty.

解析：

这篇新闻报道虽然简短，但生动具体地描绘出一幅20世纪90年代初席卷美国的简朴风尚的画面：吃的是便宜的通心面（macaroni）、奶酪（cheese）和生菜（lettuce）；喝的是国产啤酒（domestic beer）；穿的是传统的睡衣（pajamas）；戴的是国产普通手表（Timex）；健身方式是骑车（bicycles）和滑雪（sleds）；他们更关心家庭，喜爱合家欢聚（family reunions），亲朋好友室内下棋（board games），享受天伦之乐；他们也关心社会，自愿为社区服务（volunteer work）；他们在经济上能省则省：庭院活（yard work）自己干，自己装修室内（hang it yourself wallpaper），自己修剪草坪（push it yourself lawn mowers）；小孩尿布不再是一次性的（disposable diapers），而是可以多次使用的布制尿布（cloth diapers）；儿童玩具不再是电动玩具（battery-operated toys），是弹性橡皮泥（silly Putty）；人们不是有钱就花光（spend it all），而是把钱存入银行（savings accounts）；他们不再留恋大城市大公司的高薪工作，而是回到乡镇（small town ways）。

案例四

Bill Clinton won't begin his last campaign until after he's left Washington, probably in 2001. Former presidents have no official role, and the confident ones（Truman, Eisenhower, Reagan）retire with a solitary dignity befitting a member of what Herbert Hoover once called an "exclusive trade union". But presidents who end their terms under a dark cloud often become obsessed with how history views them. That's why those who think Clinton, who appears likely to survive the trial, will retreat forever from public life in 2001 just to play golf should think again. Though the Senate may acquit him, Clinton will never stop trying to convince posterity that he was unfairly impeached and that he should be remembered for peace and prosperity, not scandal. Whether he is writing his memoirs or raising money, he will be guided by one primary objective: historical exoneration.

解析：

这则新闻的内容显示了新闻语体的准确性。新闻是现实生活的真实再现，因此，准确朴实是新闻语言最基本的要求。所以，通过媒介向人们报道和传播具有新闻价值的信息时无论是写景还是写物，无论是叙事还是谈人，都应该实实在在地将其本来的面目反映出来。

Chapter 9 第九章

法律英语与旅游英语文体的写作教学实践

法律英语与旅游英语文体作为应用文体中的两种典型类型，二者在逐步发展的过程中形成了相对鲜明的语言特点、用词规律，为了有效帮助学生掌握这两种应用文体的写作技巧，本章在探讨二者语言特点的基础上，介绍法律英语文体、旅游业英语文体的写作教学实践。

第一节　法律英语文体写作教学

一、法律英语文体的语言特点

（一）词汇特点

1.使用法律行话与正式术语

无论是在法律行业中，还是在其他行业中，一些独特的行话是必不可少的。一方面，行话有助于保证行业之间进行精确的交流，也提升了行业内部人员交流的效率；另一方面，行话对于外行人来讲，有助于激发外行人的兴趣和好奇心，有助于划分出行业内外的界限。当然，这在法律行业也是非常常见的。例如：

at issue 待裁决

aid and comfort 支持和原著

due care 应当的注意

2.使用古旧词与外来语

在法律文体语言中，一些词语从古沿用至今，这在各国的法律文献中都有所体现。这些古旧词语经过历史的沉淀，已经形成了固有的法律含义，因此没有必要对其进行舍弃或者创新其他词。例如：

thence 因此

hereof 于此

hereby 兹

verily 肯定地

whereas 鉴于

howbeit 尽管如此

foregoing 前述的

moreover 此外

wroth 愤怒的

（二）句法特点

1.使用陈述句

在法律文体中，陈述句是最为基本的句型，倾向于单一化，这主要是因为法律文体具有正面客观陈述事理的特点。例如：

A contract is an exchange of promises between two or more parties to do or refrain from doing an act which is enforceable in a court of law.

纳税人销售货物或者应税劳务，应当向索取增值税专用发票的购买方开具增值税专用发票，并在增值税专用发票上分别注明销售额与销项税额。

2.使用模式语句

在法律文体中，模式化的语句表达是对人们有法律约束力的规范，因此被广泛适用。这些模式化的语句有助于法律工作者开展工作，也因此在法律界更为普及。例如，汉语中的“……有……自由”“……有权……”“禁止……”等。同样，英语中也有这些模式语句。例如：

This contract is made between A and B **on date month year** and has the following terms：...

二、裁判文书

（一）判例报告

判例报告通常包括：

（1）案件说明：指判例报告的说明部分。应写明案件名称、双方当事人诉讼主体地位、法院备案号、案件受理法院的名称、案件审理和/或判决的日期以及案号等信息；

（2）双方当事人律师和/或公诉人的姓名；

（3）主审法官姓名：有时当不便公开主审法官时，主审法官姓名就不出现，而是用短语PER CURIAM（英文义：by the court）、MEMORANDUM

OPINION或 MEMORANDUM BY THE COURT代替，意即由法院所定；

（4）法庭意见：这是判例报告的主体部分，应写明导致法庭判决的绝大多数或者多数法官的意见。它主要包括以下五个要素。

①事实：在一审案件中，法官应阐明经审理后认定的案件事实；

②争议：包括事实争议和法律争议；

③裁定：提供对案件所涉及的争议的解决方案；

④判决理由：阐释法庭是怎样得出裁定的推理过程；

⑤判决结果：通常写在判例报告的结尾，写明对当事人的具体处理办法。

判例报告通常可分为刑事判例报告和民事判例报告。在刑事案件中，法官或陪审团通过对检察机关或大陪审团提交的起诉书和被告提交的答辩状中所提及的事实争议进行裁定，从而得出法院认定的事实。而在民事判例报告中，法官或陪审团对双方诉状中所提及的事实争议进行裁定，从而得出法院认定的事实。

第一审刑事判决书则是初审法院按照宪法有关司法程序的规定，对其审理的刑事案件，确认被告人的行为是否构成犯罪，犯什么罪，是否处以刑罚，或者免除刑罚的问题做出的书面处理决定。

民事判决就是法院在程序终结时做出的最终决断，既有关于当事人权利义务分配的实体判决，也有驳回诉讼决定等程序问题的判决。美国的民事判决通常分为四类：一是金钱损害赔偿的判决；二是诉讼费用的判决；三是平衡救济判决，指法院对侵害方发出停止侵害的禁令；四是宣告式救济判决，当损害可能发生时，法院宣告一方具有某项合法权利，避免损害进一步发生。

（二）案情摘要

在法律上，“摘要”一词具有两层含义：

一是指由律师向上诉法院递呈的书面法律文件，旨在向法院说明为什么下级法院已做出的裁决是正确或错误的；

二是指对一份具体的法院的判例报告做出的分析概要。前者可称为上诉答辩摘要或上诉状（appellate brief），后者可称为案情摘要（case brief）。

下面我们主要研究案情摘要的写作结构与方法。

案情摘要的写作目的是通过整理法院相关判例报告的法律要点，从而便于以后的引用。同时，案情摘要的写作无论是对律师还是对法律研究人员和法学院的学生都有重大意义。案情摘要的制作风格有很多种，是根据不同的写作目的和制作者的习惯而定的。案情摘要一般有详式和略式两种。略式的写作风格比价简单，这里不再详说，下面我们将重点介绍详式案情摘要的写作结构及方法。

（1）案号：标明在何处可以找到该案例的判例报告。

（2）当事方情况：写明当事方的姓名、关系和诉讼主体地位。

（3）当事方的诉讼目的：写明双方当事人力图达成的诉讼结果。

（4）当事方的诉讼依据：写明案由和辩护理由。

（5）前审历史：由于判例汇编中收入的绝大多数判例都是上诉案件，该部分将对下级法院的审理情况作简单回顾。

（6）事实：通常只给出法庭认为与争议直接相关的关键事实。

（7）争议：一般只是法律争议，因为律师通常对事实争议的解决不能施加太大影响，但对于法律争议，他们可以通过法庭辩论据理力争，尽量维护其当事人的权益。争议一般用疑问句的句式。

（8）裁定：提供对案件争议的解决方案。

（9）推理：简要阐释法庭得出裁定的推理过程。

（10）判决结果：写明案件的审理结果和具体处理办法。

（11）评论：可能包括并存意见、反对意见和个人评论。

三、仲裁文书

（一）仲裁申请书

仲裁申请书，是争议一方当事人，即申诉人根据合同中的仲裁条款或事后达成的仲裁协议书将已经发生的争议提请仲裁机构进行审理裁决，以保护其合法权益的法律文书，也是争议另一方当事人，即被诉人应诉答辩的依据。根据国际商事仲裁中的一般做法，如果双方当事人选择某常设机构进行仲裁，申诉人应向该常设机构提出仲裁申请书。如果双方当事人约定设立临时仲裁机构来审理有关争议，则申诉人必须直接将仲裁申请书送交被诉人。同时，申诉人往往通过其律师向仲裁机构提交仲裁申请书。

仲裁申请书的写作一般包括以下几个方面的内容。

（1）申诉人和被诉人的姓名（名称）、地址及其他基本情况。

（2）申诉人所依据的事实的陈述，这部分是发生争议的事实基础，应根据事实和证据将争议发生的时间、地点、情节过程、因果关系等予以简要陈述，并应明确争议的具体内容和争议的焦点，必要时还应引证相关的法律依据。

（3）申诉人所依据的仲裁协议，也就是将原来各方达成的仲裁协议的基本内容，如合同中的仲裁条款或另行订定的仲裁协议书的基本内容阐述清楚。这部分与仲裁所适用的程序法，以及合同适用的实体法、准据法关系至为密切。

（4）申诉人的仲裁请求。也就是申诉人向被诉人提出的具体要求，往往是要求被诉人履行什么义务、赔偿何种损失或者确认、变更某种法律关系等等。

（5）所附有关文件。仲裁申请书还应当附具与申请有关的文件，如合同、仲裁协议、当事人来往电函、传真、鉴定书、汇票、转账支票等文本或经过证明的副本或抄本。

（6）申诉人或其授权的代理人的签名、盖章。

（二）仲裁调解书

仲裁调解书是指仲裁庭就争议当事人之间经过调解后自愿达成协议的内容予以认可的法律文书。

仲裁庭在做出裁决前，可以先行调解。在双方当事人经仲裁庭调停或双方自己达成和解协议后，一般应由仲裁庭根据和解协议的内容，制作调解书，终结该调解程序。仲裁调解书与仲裁裁决书具有同等法律效力，但仲裁调解书的内容一定要在双方自愿的情况下达成，并且必须符合有关的法律规定。

仲裁调解书的正文需要包含以下内容：

（1）案件事实。简要阐明双方当事人争议的事实和焦点、申诉人和被诉人各自诉辩的理由及请求。如果当事人不愿写明争议的事实和理由，可以不写。

（2）调节结果。引用仲裁规则说明调节依据，结合写明双方当事人调节的态度。双方当事人自愿达成的协议事项，可分项列出。

（3）仲裁费用的承担。不论是当事人协议确定的还是仲裁庭决定的，仲裁调解费用的数额及承担情况应明确。

（4）附项。注明该仲裁调解书的份数及双方当事人所持份数。

（5）双方当时人或授权的代理人以及仲裁员签名盖章。

（三）仲裁裁决书

仲裁裁决书指由仲裁庭对当事人提交的争议进行审理，根据查明的事实、证据，在审理终结时对全案依法做出的实体性裁决的仲裁法律文书。仲裁裁决书是仲裁庭解决合同纠纷或其他财产权益的最重要的仲裁法律文书，应准确、详实地反映双方当事人争议的事实，依法做出公正、合理的裁决决定，阐明裁决处理的理由，以使仲裁裁决有效地发挥法律效力。

仲裁裁决书的正文部分需要含有以下内容。

（1）争议事实。因为这一部分是仲裁的事实基础，所以一般力求详尽。它应包括双方当事人一致认定的事实，双方当事人的争执意见和分歧焦点，申诉人的请求及请求理由，被诉人答辩的内容概要及有关证据的认定。

（2）裁决理由。这部分要有针对性，针对申诉人的仲裁请求和被诉人的答辩意见，详细说明当事人的哪些主张和要求是合理的，应该予以支持，哪些是不合理或不合法的，应该予以驳回，同时说明理由。

（3）裁决结果。这部分必须明确、具体，具有可操作性。对案件的处理决定有多项的，要分项说明。仲裁费用的数额及双方当事人的承担情况应专门具体说明。

（4）仲裁员签名盖章。

四、法律英语写作教学实践与解析

案例一　律师函

Lawyer's letter

【　】××××No.　×××

Shanghai Bosch Rexroth Hydraulics & Automation Ltd：

Shanghai Cenlaw & Partners law firm is legally registered in accordance with Chinese law. The lawyer who signs this lawyer's letter have the complete legal qualification for practice. This lawyer obtains the authorization of ULRICH HEINRICH MARTIN DREIZLER（hereinafter called "principle"）and addressed to Shanghai Bosch Rexroth Hydraulics & Automation Ltd of（hereinafter called "company"）as follows：

1. Basic facts

The contract of employment was signed between the principle and the company and the contract was executed and effective on July 1st, 2007. The paragraph 1 of article l of the contract of employment stipulates that the company appoints the principle as the senior application engineer—plastic Machinery of the company. The paragraph 2 of article 1 of the contract of employment stipulates the scope of activities of the principle：①Support Plastic Application Manager to develop Plastic Application department, ②Improve skills and competences in Plastics Application department, ③Improve technical support and train up local stuff, ④Select and train up a successor to replace them after the assignment is finished. The paragraph 3 of article 1 of the contract of employment stipulates that the principle reports disciplinarily and functionally to the manager application sales and product management of the company.

2. The focus of the dispute by both parties

The company holds that the principle should report to the application mall ager—plastic. The Company sent a written statement to the principle on August.

10th 2007 and required the principle sign the statement to confirm that the principle should report to Ms. Jane Ren, namely the application manager—plastic.

The principle holds that he shall report disciplinarily and functionally to the manager—application sales and product management of the company.

3. Lawyer's opinion

The lawyer holds that the contract of employment stipulate explicitly the principle should report disciplinarily and functionally to the manager–application sales and product management of the company. The contract of the employment is the true expression of intention of both parties, both the principle and the company should comply with the contract strictly. The manager–application sales and product management of the company referred to in the contract is quite different from the application manager plastic because they are neither the same position nor in the same level. In accordance with the organization structure of the company the manager–application sales and product management of the company. While the application manager–plastic is only the manager of one department of the company.

The lawyer holds that the behavior of the company was factually to decrease the position level of the principle disciplinarily and factually in disguised form. The company is in fact in violation of the contract of employment.

4. Statement

The lawyer's letter shall be sent by courier.

With the lawyer's letter, the lawyer expects that the company can't change the power and functions of the principle in the name of inner system of the company and should comply the contract strictly in order that the principle can perform his duties properly and completely.

×××Law Firm

Agent Lawyer: ××××

Date: ××××

Contact: ×××××××

×××Law Firm ×××Agent Lawyer

Address: ×××× Tel: ×× Fax: ××

解析：

上面是律师函的完整范文。本案例将律师函的作用及结构体现得淋漓尽致。首先，从作用上，它体现了律师函的以下作用：询问、答复、宣示、说服。然后，从律师函的基本结构来看，该范文也将其基本内容体现得十分全面。该范文的首部为：Lawyer's letter【 】×××No.×××。该范文的正文主要包括三个部分：（1）说明了委托来源，即Shanghai Bosch Rexroth Hyxroth Hydraulics & Automation Ltd（上海液压及自动化有限公司）；（2）实施概要：首先说明了该事务所具有合法的职业资格，然后指出本律师依法取得贵公司的授权，具体细致如下。（3）法条引用和律师评述：①陈述了基本事实；②说明双方争议的焦点；③指出律师意见；④提出声明。

案例二　裁判书

1．判例报告

STATE of Ohio, Plaintiff-Appellee v. Bennie WILSON,
Defendant-Appellant
APPEAL NO. C-030040
First Appellate District Court of Ohio, Hamilton County
2003 Ohio 5091; 2003 Ohio App. LEXIS 4594
September 26, 2003

Christine Y. Jones，for Appellant.

Michael K. Allen Hamilton County Prosecuting Attorney，and Emma Seta，for Appellee.

OPINION

Mark P. Painter，Judge.

1 Defendant-appellant Bennie Wilson appeals his conviction on two counts of aggravated assault. Wilson had been indicted on two counts of felonious assault，but，after a bench trial，had been found guilty of the lesser offenses.

The trial court sentenced Wilson to the maximum term of eighteen months in prison. We affirm.

2 On September 21, 2002, Wilson and his wife, Mary, were sitting on a beach in Washington Park with Bennie Williams. All three had been drinking alcohol.

3 Williams, the victim, testified that he had known Mary for several years, but that he had only known Wilson by sight for a few weeks before that day. Williams testified that he had not known that Mary and Wilson were married, but that while the three of them were sitting on the bench, Mary had asked Wilson for a divorce. Williams testified that after hearing Mary ask Wilson for a divorce, he said to her, "If you ever need a place to lay your head or something to eat, you're always welcome."

4 According to Williams, immediately after his offer to Mary, Wilson jumped up and stabbed him with a knife two times, once in the neck and once in the head. Bleeding profusely, Williams was helped by several people in the park and was eventually taken to the hospital, where he remained for 36 hours. Wilson walked away from the scene and was arrested several hours later by police.

5 Wilson testified that while he, Mary, and Williams sat on the park bench, there had been no conversation concerning his marriage to Mary and that she had not asked him for a divorce. Wilson testified that Williams said to Mary, "I would like to lay down with you." Wilson admitted that the comment had made him angry. Wilson also testified that Williams had slapped Mary twice and kept "rushing" at him. Wilson admitted that because he was angry, he and Williams began "tussling", and that he pulled his knife out and cut Williams twice.

6 The trial court found that Wilson had not stabbed Williams in self-defense, but that because Williams had provoked Wilson's anger, Wilson was guilty only of aggravated assault. Wilson now appeals his conviction for aggravated assault, advancing three assignments of error.

Sufficiency and Manifest Weight

7 In his first two assignments, Wilson argues that his conviction was not supported by sufficient evidence and that it was against the manifest weight of the evidence. When reviewing the sufficiency of the evidence to support a conviction, we must examine the evidence admitted at trial in the light most favorable to the prosecution and determine whether such evidence could have convinced any rational of fact that the essential elements of the crime had been proved beyond a reasonable doubt. In a challenge to the weight of the evidence, we must review the entire record, weigh the evidence and all reasonable inferences, consider the credibility of the witnesses, and decide whether, in resolving conflicts in the evidence, the trier of fact clearly lost its way and created a manifest miscarriage of justice.

8 The aggravated–assault statute states, "No person, while under the influence of sudden passion or in a sudden fit of rage, either of which is brought on by serious provocation occasioned by the victim that is reasonably sufficient to incite the person into using deadly force, shall knowingly cause serious physical harm to another or to another's unborn."

9 Wilson admitted in his testimony that he had stabbed Williams. Wilson also offered evidence that his attack on Williams had been provoked by Williams's words and threatening actions. Williams testified that he had been hospitalized for 36 hours, and the parties stipulated that Williams had been stabbed twice.

10 We conclude, viewing the evidence in a light most favorable to the state, that a rational person could have found that the state had proved all the elements of aggravated assault beyond a reasonable doubt. We also conclude, after reviewing the entire record, that the trial court did not lose its way in finding Wilson guilty of two counts of aggravated assault. Accordingly, we overrule Wilson's first and second assignments of error.

Sentencing

11 In his third assignment of error, Wilson argues that the trial court did not comply with the sentencing guidelines and that the imposition of the maximum

term for aggravated assault (eighteen months) was excessive.

12 An appellate court's standard of review for sentencing is not whether the sentencing court abused its discretion. An appellate court may not disturb a sentence unless it finds by clear and convincing evidence that the sentence is not supported by the record or is contrary to law.

13 For a court to impose the maximum sentence, it must comply with two statutory provisions. The first, R. C. 2929. 14 (C), establishes the public policy disfavoring maximum sentences except for the most deserving offenders. It states that a trial court may impose the longest prison term authorized for the offense only upon (1) offenders who have committed the worst form of the offense; (2) offenders who pose the greatest likelihood of committing future crimes; (3) certain major drug offenders; and (4) certain repeat violent offenders. The other statute at issue, R.C.2929.19 (B) (2) (d), requires a sentencing court to state on the record its findings supporting its decision to impose the maximum sentence.

14 At Wilson's sentencing hearing, the trial court merged the two counts of aggravated assault and imposed only one sentence. The court discussed Wilson's extensive criminal record. While living in Alabama, Wilson had been convicted of sexual assault in 1974 and child molestation in 1975, for which he had been sentenced to four years of probation. In 1978, he had been convicted of burglary and sentenced to four years of confinement. He had been paroled in 1982. In 1982, he had been convicted of robbery and sentenced to fifteen years of confinement. In 1989, he had been convicted of driving under the influence and driving with a suspended license. Wilson had then moved to Cincinnati, where he had received three DUI convictions, plus convictions for forgery in 1999, theft in 2001, and domestic violence in 2002.

15 The court stated that Wilson had been on probation in Hamilton County a number of times. The court noted that Wilson's probation had been revoked four times. The court stated that Wilson was under community control at the time of the aggravated assaults. The court also found that the victim had suffered serious

physical harm.

16 The trial court concluded, “based on his record, what he did, and based on the fact he was on probation for a violent offense, he does pose the greatest likelihood of recidivism. So, I am going to impose the maximum term on this.”

17 We hold that the trial court sufficiently stated on the record its reasons supporting its decision. The trial court stated its reasons and then found that Wilson posed the greatest likelihood of committing future crimes, thus allowing the court to impose the maximum sentence of eighteen months on Wilson. And in view of Wilson’s extensive criminal record, prior unsuccessful probations, and the fact that he was on community control at the time he committed the offenses at issue, we conclude that the trial court’s decision is supported by the record.

18 Accordingly, we overrule Wilson’s third assignment of error and affirm the judgment of the trial court.

19 Judgment affirmed.

20 Sundermann, P.J., and Hildebrandt, J., concur.

解析：

这是一则刑事判例报告，报告首先给出了案件说明、上诉人律师和公诉人以及主审法官的姓名。对于法庭意见，分为三个部分进行写作：首先先简要说明了该案的前审历史和上诉法院的判决结果，同时较为详细地叙述了相关的事实情节；其次，列出了Wilson的三项抗辩理由，并根据相关法律，结合事实情节进行反驳；最后重申了法院判决。这样使得判决清楚明白，易于理解。

2.案情摘要

A Comprehensive Brief

CITATION: Brown v. Southall Realty Co. In c. 237 A. 2d 834（D. C. 1968）

PARTIES: Brown/tenant/defendant below/appellant here

Vs.

Southall Realty/landlord/plaintiff below/appellee here

OBJECTIVES: Southall wants to evict Brown and regain possession of the rented premises.

CAUSE OF ACTION: Southall Brown breached her duty under the lease to pay rent.

DEFENSE: Brown: the lease is illegal and no rent need be paid under it because of a violation of 2304 and 2501 of the D. C. Housing Regulations.

PRIOR PROCEEDINGS: (1) TRIAL. Southall sued Brown for possession of its rented premises for nonpayment of rent.

RESULT: Judgment for Southall, awarding it possession of the rented premises.

PRESENT PROCEEDING: (2) APPEAL. Brown now appeals the judgment of the lower court to the D.C. Court of Appeals.

FACTS: Tenant leases housing from landlord. At the time of the lease, there are Code violations in the premises which render it unsafe and unsanitary. The landlord knew of these violations before entering into the lease. Later, the landlord sues the tenant for possession due to nonpayment of rent. Landlord wins. Tenant appeals even though at the time of the appeal the tenant had moved from the premises and did not wish to return.

ISSUE I: Can a tenant appeal a judgment awarding possession to the landlord when the judgment would be res judicata on matters such as whether rent is due even though the tenant no. longer wants possession of the premises?

HOLDING I: YES

REASONING I: The court allowed this appeal because of the consequences of the doctrine of res judicata. If the appeal were not allowed, the trial court decision on the issue of rent would be final. The issue of possession may now be moot since the tenant no longer wants possession. But the rent issue is still alive. If it is not resolved now, then res judicata will prevent the tenant from later claiming that she does not owe rent in the event that the landlord later sues for rent.

ISSUE II: Is a lease void when the landlord knows before entering the lease that there are unsafe and unsanitary conditions in the rented premises in violation of Sections，2304 and 2501 of the D.C.，Housing Code?

HOLDING II : YES

REASONING II : It was the intent of the Commissioners（who wrote the Housing Code）to have a lease declared void when the landlord enters it knowing that there are conditions that make the rented premises uninhabitable. To infer any other intent would contradict the purpose of Sections 2304and 2501 which is to insure that housing is livable.

DISPOSITION: Judgment for landlord is reversed.

COMMENTARY:（omitted）

解析：

这是一则案情摘要。范文将案情摘要的语言特点体现得十分明显，包括高度格式化和语言概括性强。摘要的格式化可体现在：CITATION（案号）、PARTIES（当事方情况）、OBJECTIVES（当事方的诉讼目的）、CAUSE OF ACTION（案由）、DEFENSE（抗辩）、PRIOR PROCEEDINGS（案件前审历史回顾：上诉案件适用）、PRESENT PROCEEDING（当前诉讼情况）、FACTS（案件事实）、ISSUES（案件争议）、HOLDINGS（裁定）、REASONING（判决理由）、DISPOSITION（判决结果）和COMMENTARY（评论：可省略）等写作事项，并按照前后顺序排列。

另外，由于案情摘要的写作目的在于整理法院相关判例报告的法律要点，方便以后的引用，所以它的语言具有高度的概括性。

范文还使用了很多固定的表达方式，如表达当事方诉讼目的的有：

the plaintiff seeks...

the respondent brings this action in order to...

he wants this court to...

the buyer brings this suit to...

this is a suit brought under the Consumer Protection Act in which this court is asked to...

案例三　起诉状

IN THE COUNTY COURT COLUMBIA COUNTY, FLORIDA

BEST BUY CARS, INC.

A Florida Corporation,

Plaintiff,

vs.　CASE NO.

MARGARET DONOFREY and

HENRY DONOFREY, individually,

Defendants.

COMPLAINT FOR DAMAGES

Plaintiff, BEST BUY CARS, INC., sues Defendants, MARGARET DONOFREY and HENRY DONOFREY, individually, and says:

COUNT I AGAINST MARGARET DONOFREY

1 This is a cause of action for damages in excess of $ 2, 500 but not exceeding $ 10, 000.

2 At all times material to this cause of action, Plaintiff has been and is a Florida corporation engaged in the trade of selling automobiles to the public.

3 On or about January 21, 1990, Defendant MARGARET DONOFREY was a customer at Plaintiff's place of business for the purpose of purchasing an automobile, a 1989 Alora Supra.

4 As partial payment for this automobile, defendant MARGARET DONOFREY offered as trade the automobile she was driving, a 1988 Matsuda A 240, subject to security interest of National Motors Financing Corporation.

5 Defendant MARGARET DONOFREY falsely represented to Plaintiff, contrary to the title certificate which listed Defendant HENRY DONOFREY as joint owner, that she was the sole owner by way of a court order awarding her sole title in her divorce proceeding.

6 Defendant MARGARET DONOFREY knew that her representation was false because she knew that no such court order has ever been issued.

7 Defendant MARGARET DONOFREY made the false representation in order to indue Plaintiff to accept the Matsuda automobile as a trade.

8 Plaintiff relied on the false representation of Defendant MARGARET DONOFREY and did accept the trade. Pursuant to standard business procedure, Plaintiff paid off the security interest of National Motors Financing Corporation in order that Plaintiff could then obtain full title to the Matsuda automobile.

9 As a result of the false representation of Defendant MARGARET DONOFREY, Plaintiff now has an actual equitable interest in the Matsuda of $ 4, 147.34, yet no legal title interest in the automobile.

10 The false representation of Defendant MARGARET DONOFREY was made with knowledge of its falsity, with the purposeful intent to deceive Plaintiff, and in reckless disregard and great indifference to the rights of Plaintiff.

11 Plaintiff has been required to retain an attorney for the purpose of bringing this suit and is obligated to pay a reasonable fee for this attorney's fees, and demands trial by jury of all issues so triable.

COUNT II AGAINST HENRY DONOFREY

12 Plaintiff re-alleges paragraph 1 through 5, 8, 9, and 11 of this complaint and by this reference makes them part of this count.

13 Defendant HENRY DONOFREY has title interest in the Matsuda automobile.

14 Defendant HENRY DONOFREY has been unjustly enriched by Plaintiff's satisfaction of the security interest on the Matsuda automobile, to the detriment of Plaintiff.

WHEREFORE, Plaintiff demands judgment against HENRY DONOFREY for compensatory damages of $ 4,147.34 and demands trial by jury of all issues so triable.

POE, WILSON & HIGH

Attorneys for Plaintiff

9900 South Drive，River Springs，FL 32699

（904）555-5555

By:_

Fla. Bar No.:

解析：

这是一份要求经济赔偿的普通程序民事起诉状。本起诉状的焦点是究竟谁是那辆1988A240型Matsuda轿车的合法所有人。起诉状包括三部分：首部的内容有：（1）受理法院名称（需大写）。（2）原告与被告的姓名和案号。该起诉状有一名原告和两名被告，原告或被告的姓名均是全名。（3）文书名称：COMPLAINT FOR DAMAGES。（4）起诉案由。正文：正文是起诉状最为重要的内容。这一部分的每段文字都有编号。原告律师使用两条诉讼事项对两被告分开起诉。每条诉讼事项包括：小标题、诉讼双方身份及关系、诉讼事实、诉讼请求。尾部：这部分包括原告代理律师的签名、住址、电话号码、律师执照编号。

案例四　仲裁文书

1.仲裁调解书

JAPAN COMMERCIAL ARBITRATION ASSOCIATION

ARBITRATION CASE NO. 56-09657

SETTLEMENT AGREEMENT

[Claimant]Muronmachi 2-3-16，Nihon Bashi，Chuo-Ku，Tokyo

[Shipowner]Kofuku Shipping Co.，Ltd.

Representative：Namio Umino，Representative Director

[Respondent]No. 32 Akashi machi，Chou-Ku，Kobe-Shi，Hyogo-Ken

[Charterer]Kaisan Bussan Co.，Ltd.

Representative：Sakae Hirano，Representative Director

Legal Agent：Morio Yamakawa，Attorney-at-law

Concerning the dispute over the time charter for the S.S. Hcisei Maru concluded between the above parties on 20 October 1998，both the Claimant and the Respondent hereby have reached an amicable settlement as described below.

1. The Respondent will pay by wire transfer the sum of Yen 55，000，000 into the Claimant's bank account（Bank，Branch，Account No.，Account Holder's Name）by 30 October 2001.

2. Both the Claimant and the Respondent confirm that there are no other credits or liabilities relating to this dispute.

3. The arbitration costs in the amount of Yen（including consumption tax of Yen）are to be equally borne by the Claimant and the Respondent. Additional costs are to be borne by the party that incurred them and shall be charged to no other.

4. When the payment described in No. 1 above is made，the Claimant will withdraw the above arbitration application.

As proof of the above settlement，we make three copies of the settlement agreement；after the signatures by the Claimant，the Respondent and the Arbitrators，the Claimant Arbitration Association keeps the original.

15 August 2001

Claimant：Kofuku Shipping Co.，Ltd.（Signed）

Respondent：Kaisan Busan Co.，Ltd.（Signed）

As Observers：

JAPAN COMMERCIAL ARBITRATION ASSOCIATION

Arbitrator：Zento Suzuki（Signed）

Arbitrator：Eihei Garamori（Signed）

Arbirtator：Daikichi Sato（Signed）

解析：

上述是一篇仲裁调解书。该范文主要包括两个部分：首先说明了双方当事人有希望调解的意愿，说明这点是十分必要的，因此仲裁调解书的内容必须是双方当事人自愿达成的。由于依法可以不写双方当事人争议事实和焦点及自诉辩理由，该仲裁调解书直接进入调节结果，即双方当事人自愿达成的协议事项。调解结果分项列出，使人一目了然。最后是附项部分，注明了该仲裁调解书份数及当事人各方所持份数，证明各份均有同等法律效力，体现了法律文书的庄严性。

2.仲裁裁决

AWARD OF UMPIRE

IN THE MATTER of the Arbitration Act 1908

AND

IN THE MATTER of an Agreement for Sale and Purchase of Real Estate

BETWEEN（name）as Vendor

AND（name）as Purchaser

in respect of property situated at（location）

THIS is a final Award of GERALD GEORGE McKAY of Napier，Solicitor，as umpire in this matter.

WHEREAS by an Agreement for Sale and Purchase bearing date（date）between（name）as Vendor and（name）as Purchaser in respect of the rural property situated at（location）a dispute arose as to diminution in value concerning the property.

AND WHEREAS pursuant to the aforesaid Agreement the parties appointed me GERALD GEORGE McKAY of Napier，Solicitor，to act as arbitrator between them when they were unable to agree.

THE FOLLOWING IS MY AWARD AS ARBITRATOR

1.Decision

Having heard the evidence from the parties and submissions made on their behalf my award is that the purchase price of the property in question as between the parties as Vendor and Purchaser shall be reduced by $ 9，600.00representing the approximate depreciated value.

2. My fee is $ 750.00 inclusive of disbursements and I DIRECT that my fee shall be paid not later than the possession date by both parties in equal shares.

DATED at Napier this___day of __200__

（Signed）

G G Mckay

Arbitrator

解析：

该仲裁裁决书十分简洁，先一笔带过仲裁所依据的仲裁法和双方当事人签订的协议，然后简要地陈述了争议事实，最后分项说明裁决结果。该仲裁裁决书中没有提到仲裁理由。

先引用做出裁决的法律依据，再陈述案件的事实，最后裁决结果，这样的安排说明裁决是依法在事实的基础上做出的，有理有据，符合法律文书的特点。

第二节　旅游英语文体写作教学

旅游业一直以来都受到国内外人士的关注，因为旅游是一项涉及多种行业的领域。当前社会发展背景下，国家一直都十分重视对旅游行业的发展。因此，本节研究旅游英语文体写作教学的相关内容。

一、旅游英语文体简述

（一）旅游基本知识介绍

日常生活中，我们经常听到“旅游”这个词，并且已经把它等同于“旅行”。的确，通常来说，旅游是人们放松身心的一种方式。因此，旅游与人们的生活息息相关。另外，“旅游”与不同的词搭配，可以形成不同的含义。例如，“学习旅游”指的是旅游专业学习或研究，“外出旅游”通常是指旅游活动。在有关旅游的学术文献中，一些学者不仅从专业的角度界定了“旅游”的内涵，还分析了旅游的构成。

1.旅游的含义

美国学者伯特·麦金托什和夏西肯特·格波特（1980）认为，旅游是游客、旅游企业、东道政府及东道地区的居民因为相互作用而产生的一切现象和关系的总和。

维也纳经济大学旅游研究所对旅游下了定义，其指出旅游是暂时在异地的人的空余时间的活动，该活动大体具有以下三种目的。

（1）改变关系。

（2）提升修养。

（3）扩大知识面和交际面。

马丁·普雷博士（1979）认为，旅游是为了消遣而在某一个国家逗留超过24小时。

瑞士学者汉泽克尔和克拉普夫（1942）强调，旅游是非定居者的旅行和暂时居留而引起的现象和关系的总和。这个定义也称为艾斯特（AIEST）定义，是国际上被普遍接受的定义。

德国的蒙根·罗德（1927）指出，狭义的旅游是消费者为了满足生活和文化的需要，暂时离开自己的住地而逗留在异地的人的交往，这是从交往的角度出发提出的定义。

世界旅游组织（1995）指出，旅游是人们为了休闲、商务和其他目的，离开惯常环境，在某些地方停留不超过一年的活动。

我国经济学家于光远（1985）认为，旅游是现代社会中居民的一种短期性的特殊生活方式，具有异地性、业余性和享受性的特点，这是从生活方式的角度出发提出的定义。

我国学者谢彦君（2004）指出，旅游是个人以前往异地寻求愉悦为主要目的而度过的一种具有社会、休闲和消费属性的短暂经历。

英国学者伯卡特和梅特列克（1974）强调，旅游是人们离开平时生活的地方，短期住在一个旅游目的地的各种活动。

2.旅游的构成要素

（1）旅游系统的内容

人类的旅游经历了从古代、近代到现代的演变，已经开始显现出它的系统化特征。旅游活动的正常运行离不开以下六个要素的支持。

第一，旅游者。

第二，旅游目的地。

第三，旅游吸引物。

第四，旅游接待设施。

第五，旅游服务。

第六，旅游保障机制。

这六个要素共同构成了旅游这个开放的系统，该系统包含以下四个子系统。

第一，旅游客源地系统。

第二，旅游目的地系统。

第三，旅游通道系统。

第四，旅游支持系统

旅游系统可以用图9-1来表示，其中的横向要素和纵向层级相互关联。

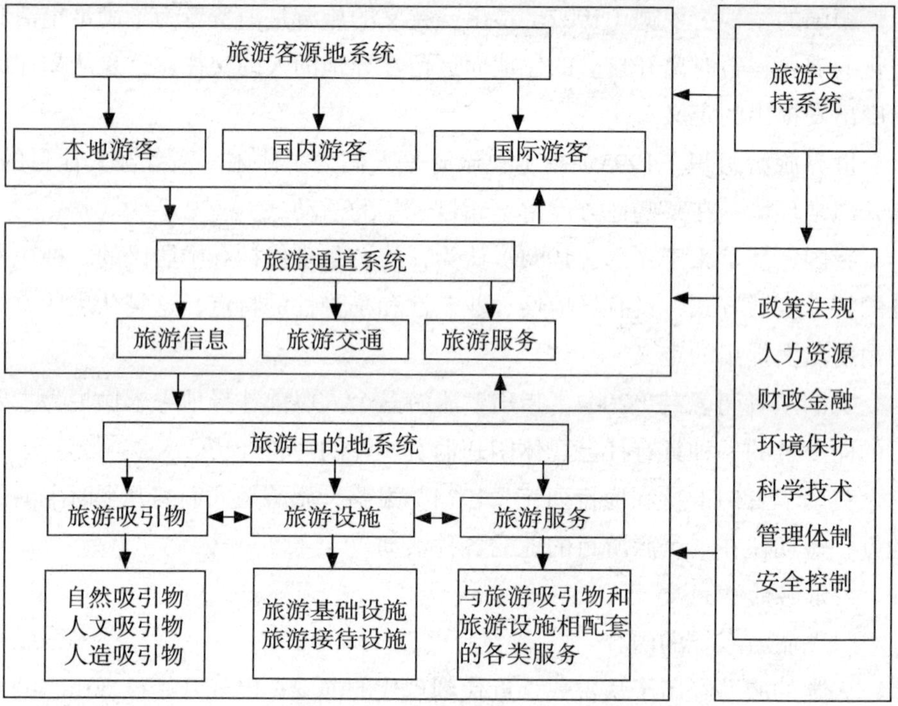

图9-1　旅游系统构成要素图

（资料来源：吴必虎，2001）

（1）旅游客源地系统

旅游客源地系统在旅游系统中处于非常核心的位置。客源地系统主要是由现实和潜在的旅游者构成，这些旅游者具有可自由支配的收入、闲暇时间和健康体魄。旅游者会选择适合自己的旅游目的地，这种选择必定受到收入水平、受教育程度、兴趣偏好等因素的影响。

（2）旅游目的地系统

旅游目的地系统是指为游客提供游览、食宿、娱乐或特殊服务的综合体。旅游目的地系统包括旅游吸引物、旅游设施和旅游服务三个要素。

旅游吸引物是一种开发而形成的产品，包括自然、人文、人造三个部分。

旅游设施由旅游基础设施和旅游接待设施组成，前者是旅游者和当地居民共享的设施；后者是直接为旅游者提供的设施，如酒店、娱乐等。

要想旅游设施和旅游吸引物的功能得到发挥，还需要借助旅游服务。因此，旅游服务影响着旅游目的地的魅力，然而其常常受到忽视。

（3）旅游通道系统

旅游通道系统既包括有形的旅游交通通道，还包括旅游信息这个无形通道。旅游交通的便捷程度和旅游信息的易获得程度能够促进旅游活动的发生。旅游通道系统具有以下两种功能。

①完成旅游者空间移动。

②完成客源地与目的地的信息交流功能。信息系统需要通过媒介来发挥作用，如电视、网络等。

（4）旅游支持系统

在上述三个系统之外还存在着一个旅游支持系统，其包括科技、政策、环境、制度、人才等因素，其中政府的地位非常关键。旅游支持系统是依附于其他三个系统的，不能单独存在。缺少了旅游支持系统，就会给旅游资源、服务以及经济带来不良的影响。

（2）旅游系统的特征

旅游系统是以旅游客源地系统为主体、以旅游目的地系统为核心、以旅游通道系统为连接、以旅游支持系统为保障而形成的地域实体系统。四个系统具有各自独立的功能，互相联系、互相影响。旅游大系统实现了各个子系统无法实现的新功能，各个子系统的变化又会导致整个旅游大系统的变化。

旅游系统具有动态性、整体性、复杂性、开放性、层级性等本质特征。

旅游系统的动态性指旅游系统处在不断地发展变化之中；旅游系统的地域性指旅游系统分布的不平衡性和跨地域性。

旅游系统的整体性指只有目的地、客源地或通道系统几部分相互作用，才能实现旅游的基本功能。

旅游系统的复杂性指系统内部各要素之间相互影响、牵一发而动全身。

旅游系统的开放性指系统与外部环境之间具有物质、能量和信息的双向交流。

旅游系统的层次性指旅游系统由不同等级的子系统构成，各级子系统有各自的次级功能。

3.旅游的鲜明特点

旅游是人类物质文明和精神文明程度的体现。人类社会、经济、文化、科技的发展，影响着旅游的发展与演变。正是由于旅游从产生到现在受到多种因素的影响，其内容、形式、目的、规模在不同的历史时期有不同的表象，但旅游的本质特点不会改变。学者们经过大量的探索和多年的争论，对旅游的以下五个本质特点逐渐达成了共识。

（1）综合性

从旅游活动的全过程来看，旅游者之所以选择出游，是因为现实生活、收入、性格和价值观共同在起作用，是一个综合性的结果。众多旅游者在旅途中会组成一个小型的临时社会，其中会发生各种复杂的矛盾。旅游者从自己居住的地方来到另外一个地方，必然需要众多旅游相关部门的产品支持和精神服务，众多旅游相关部门由此形成了一个庞大而复杂的支撑系统。在与旅游地的居民交往的过程中，旅游者的文化和当地居民的文化必定存在一些差异，因此会发生文化碰撞或者文化融合的现象，进而在生态环境、经济发展、社会治安等方面都会有一系列连锁反应。可见，旅游是一项涉及社会、经济、政治、文化、科技等各种因素的综合性活动，具有社会综合性的特点。

旅游与旅游业有着很大的区别，旅游业是经济产业，而旅游是人类的社会文化活动。但是，旅游者在旅游活动中所进行的消费，促成了旅游业的经济活动的发生，为社会带来巨大的经济效益。旅游除了带来经济效益外，还有独特的社会效益。旅游者在旅游过程中开阔了视野，增长了见识，获得了文化，得到了积极的放松，实现了劳动力的再创造；在与旅游目的地居民的接触中联络了感情；在国际旅游中还可增进各国各民族间的情谊。可见，旅游作为一种综合性的社会活动，可以产生巨大的经济效益和社会效益。

（2）文娱性

人类的旅游活动与文化是相互伴随的。一方面，旅游者之所以发出旅游行为，有一部分因素是文化的吸引。另一方面，旅游者自身的文化和旅游目的地的文化发生相互作用，旅游者不仅将自身的文化传播到旅游目的地，而且自身的文化也受到旅游目的地的文化的影响。因此可以说，旅游本身就是一种文化交流活动。人文旅游的吸引力基本就体现在社会政治、经济、历史、艺术和民俗风情等社会文化因素方面。而自然旅游的吸引力虽然主要在于好山好水，但是自然旅游资源也会通过包装，打上某种社会文化印记。从旅游业角度看，每个地域拥有独特的文化以及历史遗产，这些都会渗透到旅游设施和服务中，体现出鲜明的地域特色和民族个性，如饮食文化、礼仪文化等。从旅游者的出游目的到旅游过程中涉及的要素，文化贯穿始终，构成了旅游文化的本质属性。

旅游具有经济表象和文化内核。人们在接触旅游现象时，首先看到的是旅游所涉及的一系列经济行为，而旅游所蕴藏的文化性是不容易发现的。人们要通过理论分析，才能正确认识旅游者的动机与心理以及旅游过程形成的主客关系，才能理解旅游文化的实质。

（3）政治性

跨国旅游由于涉及跨国的人员流动，因此就涉及国际政治。在现代国际交往中，旅游也被称为“民间外交”。这种民间外交少了正式外交的严肃性、复杂性、紧张性，而显得更加简便、自然，有利于增进国与国之间的了解，缓解国与国之间的矛盾争端，推动和维护世界和平。国际旅游活动在一定程度上可以反映世界局势和国际关系。欧共体在建立欧洲联盟时达成了欧盟成员国人员来往互免签证的协议。该协议实施后，欧盟各国公民可以自由选择在成员国内的任何一个国家入境、出境，通行无阻，极大地便利了欧盟成员国旅游者去欧盟各国从事商务和度假旅游。

（二）旅游英语文体

旅游（Tour）一词来源于拉丁语的tornare和希腊语的tornos，原意为“围绕一个中心点或轴的运动；车床或圆圈”，后演变为“顺序”。词根tour的不同后缀也有其不同的意思，但每个意思都表明旅游是一种往返的行程，完成这个行程的人被称为旅游者（Tourist）。相应地，旅游英语文体主要是针对工作过程中所涉及的旅游展开研究的。

因为旅游产业由多种产业构成，如交通业、餐饮业、住宿业、娱乐业等，是一个群体产业，形式多样而且分散，所以旅游这一概念存在模糊性。对于旅游的定义一直处于不确定的状态，直到1955年，世界旅游组织给旅游下了明确的定义，即旅游是人们为了休闲和其他目的，离开他们惯常的环境，到某些地方去以及在那些地方停留的活动。世界旅游组织明确的这一旅游的定义受到了普遍的认同，但对旅游的定义并不止这一种，不管哪种定义都无不包括三方面的要素，即出游的目的、旅行的距离和逗留的时间。

二、旅游英语文体的语言特点

与法律英语、科技英语类似，旅游英语本身属于专门用途英语的一部分，因此无论在用词、选句还是语篇组织上，旅游英语文体都有自身的语言特点，并且这些层面也更能体现旅游英语的复杂性、综合性与跨学科的特征。

（一）词汇特点

词汇的特点可以从三个方面来分析。

第一，多使用形容词。这是因为形容词使旅游英语文体的语言丰富、生动、优美，对旅游爱好者产生巨大的吸引力，而形容词的最高级则更加突出了景点或文化的与众不同，给读者留下深刻的印象。

第二，采用褒义词。正是因为旅游英语文体的最终目的是要引起听者、读者的共鸣，引发积极联想，所以作者不会采用任何贬义或负面词语来进行描述。

第三，常用数字来增强宣传内容的可信度，更准确地传递信息，实现信息功能。另外，需要注意的一点是，口头导游词多使用人们熟知的词汇，简单易懂；而书面宣传材料多选用书面用语，语气较为正式。

例：Many of the grandest Las Vegas casino hotels are located along the strip. More than a dozen giant theme oriented casinos are on the strip. Even the smallest has over 2 000 rooms. Each one contains thousands of slot machines，hundreds of gaming tables, multiple restaurants , shopping malls and theaters featuring " Las Vegas Shows" .

赏析：

这段文字中，选用了形容词located, giant ,oriented, multiple；两个形容词最高级的使用，即grandest 和smallest, 凸显了拉斯维加斯赌场的规模；数字的加入，如a dozen，2 000 thousands of，hundreds of，增强了信息的可信度，也使描述更具体和形象化。这样的描述直观而清晰，让人们充分感受到拉斯维加斯的繁华与娱乐特色。

例：Natural beauty, soothing clear waters, gentle warm trade winds, fragrant flowers and sparkling waterfalls define the landscape in Hawaii and draw you into a realm of peace and relaxation . Could this be why Hawaii is often described as one of the healthiest places on earth?

赏析：

在这段介绍夏威夷的简短文字中，作者用了8个形容词，其中一个形容词使用了最高级，语言显得生动活泼，成功地将夏威夷的美景清晰形象地展现在了读者的面前。

（二）句法特点

在句法上，口语导游词多采用疑问句、祈使句、条件句来变换不同的语气，多为简单句，句子长度较短，这样形成的语言短小精悍、简洁明快、生动活泼、节奏感强，能够吸引游客的注意力，调整游客的兴奋度；而书面宣传材料会经常出现长句或复合句，通过变化句子结构来增强语感和句子的连贯性，保持读者对阅读内容的兴趣。而且长句的使用更有助于说明所述细节之间的关系，因此十分适合用来描述景物。但是，也应牢记，在一个段落中频繁地出现长句或复合句，容易导致疲惫和厌烦感，流失读者。

例：In the 1930s，European architects who emigrated to the United States before World War Ⅰ launched what became a dominant movement in architecture, the International Style.

赏析：

在这个长复合句中，主语用一个后置定语从句“who emigrated to the United States before World War II”来修饰，谓语动词launch后接一个what 引导的宾语从句，而“what became a dominant movement in architecture”又与“the International Style”形成了同位语的关系。整个句子前后连贯、意义紧凑、信息量大，一直读到句末才完全了解句子的意义，因此能够令读者兴趣不减，想一探究竟。

例：If you stand on the top of the mountain, you can see the spectacular view of a rolling sea of clouds.

赏析：

在旅游英语文体文本中，if 条件句用来表达建议的语气。这个句子表明如果读者接受了“站在山顶”的建议，则可以欣赏到壮丽的云海。

例：Could this be why Hawaii is often described as one of the healthiest places on earth?

赏析：

虽然是疑问句的形式，但传递出的却是肯定的答案，表明夏威夷被称为世界上最健康的地方，彰显了它作为旅游胜地的独一无二。

（三）修辞特点

旅游英语文体文本本着吸引读者和游客的目的，在编写时会融入多种修辞手法，如拟人、明喻暗喻和排比等，来增添语言的趣味性和美感，引人入胜。

例：A wide range of land and sea recreational facilities awaits you.

例：As autumn brings its crisp, fresh days to Ohio, Mother Nature begins to paint the state' s emerald landscapes with gorgeous hues of harvest gold, amber and sienna.

赏析：

动词await和paint的施动者通常为人，而在这两个例句中，它们的主语分别是“a wide range of facilities”和“nature”，显然，这里运用了拟人的手法。拟人的手法可以使平白直叙的文字变得生动活泼，妙趣横生，从而吸引读者，拉近与读者的距离。

例：In the Palace of Pagoda Forest, the Jade Bamboo Shoots stands like spears.

例：Suzhou is the Venice in the east.

赏析：

例中，通过介词like运用了明喻的修辞手法，将Jade Bamboo Shoots比作spears。第二个例子中比较的两个事物，Suzhou是东方中国小桥流水人家似的水乡古城，而Venice是意大利古老美丽且闻名世界的水城，二者存在着许多共同特点，所以可以进行比较。句中采用动词“is”，运用了暗喻的手法。明喻和暗喻都属于类比，即将具有共同特点的两个事物进行比较，这种手法能够将文字形象具体化，给读者留下深刻的印象。

例：Natural beauty, soothing clear waters, gentle warm trade winds，fragrant flowers and sparkling waterfalls define the landscape in Hawaii and draw you into a realm of peace and relaxation.

赏析：

这是一个运用了排比手法的例句。画线部分的短语都是形容词加名词的结构，其中waters和trade winds分别由两个形容词修饰，beauty, flowers和waterfalls各带有一个形容词，这样的结构可以极大地增强语气，令行文流畅自然，让读者或听者产生美的感受。

三、旅游英语文体的写作教学实践

（一）旅游线路介绍的写作

1.写作要领

旅游线路是旅游产品的重要组成部分，是连接旅游者、旅游企业及相关部门与旅游目的地的重要纽带，对区域旅游开发、旅游企业的生存与发展、旅游者的旅游体验等都有重要意义。

旅游线路内容应包括如下信息：线路名称及报价、行程详细内容、相关景点介绍、参团须知、温馨提示、在线预订系统、留言系统、相关线路展示、旅游攻略等。旅游线路介绍应该语言精练，句式简短，通俗易懂，可使用省略句，按时间先后顺序平铺直叙。

2.写作实例

下列实例是国外旅游公司提供的旅游线路介绍。

（1）英国苏格兰斯凯岛三日游 3 Day Isle of Skye

Day One

Depart Edinburgh and head into the Highlands! Today we explore ruins, discover incredible castles, hear of clan rivalry and try to catch a glimpse of Scotland's most famous monster: Loch Ness Hostel: Loch Buie Guest House

Day Two

Time to explore the Isle of Skye! During our island adventure we'll see beautiful and pay a visit the magical Faerie Glen before heading back to our cosy hostel.

Hostel: Loch Buie Guest House

Day Three

We say goodbye to the misty isle and head south taking in views of the Nevis range and Britain's highest mountain，Ben Nevis. We'll discover the haunting beauty of Glen Coe and hear tales of clan massacres before continuing our journey through " brave heart country " towards the National Wallace Monument.

Where We Stay

Accommodation on tour is dormitory style and is Pre-Booked for you a Loch Buie Guest House. You can pay on arrival or use our Express Check-In option when booking online.

Free time tip: Take a walk up to the ruined Castle Moil on Skye

（2）尼斯湖周末两日游 2 Day Loch Ness Weekender

Day One

Our first stop of the day is the Hermitage for a brisk forest walk before crossing the into the highlands where we will explore the ruined Ruthven Barracks, ancient standing stones and taste Scotland's national tipple, whisky! The day ends with a wee dip（optional!）in the world famous Loch Ness!

Day Two

Today we travel down the south side of Loch Ness keeping an eye out for the elusive Nessie. Taking in views of the impressive Nevis range, we'll head south through the haunting beauty of Glen Coe before stopping to pay a visit to our pal Hamish the Hairy Coo. Our final stop is at the National Wallace monument before heading back to Edinburgh for some heartfelt goodbyes.

Upcoming Departures

- Sat 23 November
- Sat 30 November
- Sat 7 December
- Sat 11 January
- Sat 8 February

（二）旅游指南的写作

1.写作要领

作为一种宣传材料，旅游指南为旅游者提供旅游点的相关信息，如：景点特色、开放时间、收费标准等。旅游指南使用的语言一般都比较规范，既不过于正式，也不过分口语化，多使用日常词汇，避免俚语和生僻词汇，在规范的前提下照顾到不同文化程度的旅游者，使大家能够读懂其内容。与此同时，根据旅游点的性质，文字风格会略有差异。对于比较庄重严谨的地方，语言会与之呼应。

2.写作实例

下文是伯明榆市中心一家基督教教堂及其广场的旅游指南。

Birmingham Cathedral

celebrating Christ in the city

Welcome to Birmingham Cathedral

a sacred place in the heart of the city.

We invite you to enjoy walking through

this space, resting here or visiting the Cathedral

Please respect this sacred space by not:

◆ sitting on the gravestones

◆ skateboarding

◆ taking part in antisocial behavior

The churchyard is an alcohol free zone

The cathedral Square is covered by

Birmingham city council byelaws which will be

enforced by Police and Neighborhood Officers

A full copy of the Byelaws can be located at

the Neighborhood Policing Team at

Birmingham Central Police Station

（三）景点介绍的写作

1.写作要领

旅游景点介绍既要从宏观上介绍整个景点的相关背景，又要重点讲解具体的游览内容和特色景观。编写景点介绍要注意以下几个方面。

（1）内容丰富，具有很强的知识性。既涵盖所介绍景点的基础知识，又融入各种相关信息，做到旁征博引，妙趣横生，以期达到吸引游客，满足他们强烈的求知欲的目的。

（2）注重准确性，实事求是，不夸大其词，不胡编乱造。

（3）语言生动形象，幽默风趣。避免使用难懂的书面语词汇和音节拗口的词汇。

（4）加强趣味性。通过历史典故、民间传说，激起游客的兴趣和好奇心。

（5）突出重点。在照顾全局的情况下对具有代表性的景观进行重点介绍。

2.写作实例

（1）威尼斯水城：

Venice—The City of Water

What images come to mind when you think of a trip to Venice? No doubt you imagine yourself taking a romantic gondola ride along narrow canals and under delicate bridges. Perhaps you picture the beautiful old buildings and famous works of art that have made the city one of Europe’s leading tourist spots.

Venice was built on more than 100 islands and has about 150 canals. The best-known of these，the Grand Canal, functions as the “main street” in the part of the city most popular with visitors. The canal winds through each of the six districts that comprise this historic city center before reaching Venice Lagoon.

One of these districts，San Marco, is home to many of Venice's main attractions, including St. Mark’s Basilica. This spectacular church has five main arches and some extraordinary onion-shaped domes. It is decorated with priceless treasures, many of which were stolen from other countries when medieval Venice was a leading sea power.

St. Mark’s Basilica stands one end of St. Mark’s Square. Napoleon called the square the “finest drawing room in Europe.” Tourists have been going there for centuries to visit its celebrated cafe and get a taste of the party atmosphere.

The best time to visit Venice is during the clear spring days of March and April. From June to August, the city is hot, sticky, and crowded with tourists.

Autumn is quite pleasant，but winters are cold. Floods are common in November and December, presenting Venetians with one of their most difficult and ongoing problems.

It is well-known that Venice faces an uncertain future. The city is sinking into the sea, its historic buildings are falling to pieces，and the famous lagoon is badly polluted. Unless solutions are found soon for these complex problems, the “Queen of the Adriatic" as Venice is sometimes called, will not be able to sit on her watery throne for very much longer.

（2）体验苏格兰风情

Experiencing Scotland

In order to see and discover the true soul of Scotland today, what forged the character of this splendid region，we have to go towards the northern regions, to the Grampian Mountains. Beautiful and unspoiled, it was difficult to farm. The Scots subdued the environment with simple spades and strong arms.

The history of this ancient struggle，and its people's ancient love affair with the hard land, is enclosed within the walls of the Angus Folk Museum. You are able to get a feel of the typical rural atmosphere of times past from the everyday artifacts displayed here.

From coastal Aberdeen in towards the interior of the Grampian Mountains there runs the Castle Trail，a road that touches on many fortresses, which are witnesses of continual revolts against the dominion of neighboring England in Scottish history.

Perhaps the most uplifting moment for Scottish autonomy is the one experienced inside this ancient abbey of Arbroath，where，in 1320; the Declaration of Independence was celebrated, at the instigation of King Robert the Bruce. He carried out the plan for autonomy drawn up by the great popular hero William Wallace，to whom cinema has dedicated the wonderful film Brave heart, the winner of five Oscars.

This is Glamis Castle. It is often remembered for being the residence of King Macbeth and Queen Elizabeth in her childhood. Among the most assiduous guests here are the inevitable ghosts，which are nourished, if not actually created, by ancient popular beliefs. These have been handed down over the centuries by a people inclined to live with mystery，with the forces of the supernatural.

Another attraction here is a legendary monster the Loch Ness Monster. Is it real or imaginary，this monster，which has been nicknamed Nessie，has collected a good 3 ,000 sightings over the last 50 years. To fuel the debate about the monster，and perhaps also curiosity about the lake，a price of 500, 000 pounds sterling has been put on Nessie's head.

The true flag of Scotland, tartan, is recognizable from the brightly colored plaid patterns which are used to distinguish the various clans. Over the last few decades this fabric has made a comeback and is part of the daily life of this country.

The typical Scottish garment, the kilt, is de rigueur when the Scots play the Great Highland bagpipes, especially when they march in parades. Bagpipes and dancing open the competitions of local sporting events, which are called Highland Gatherings. The games, which have strange rules, involve a spirit that has more to do with brute force than with athletics.

Reference

参考文献

[1][美]威廉·斯特伦克著.简明英语写作手册[M].伍雅清，译.北京联合出版公司，2018.

[2][美]杰克·海敦.怎样当好新闻记者[M].北京：新华出版社，1986.

[3]John Van Rys,Verne Meyer,Pat Sebranek. 商务英语写作经典模板100篇[M].北京：外文出版社，2010.

[4]蔡基刚.大学英语初级写作教程—英语段落写作法[M].上海：复旦大学出版社，2005.

[5]蔡明泽.新闻学概论新编[M].广州：暨南大学出版社，2004.

[6]曾文华，付红桥.商务英语翻译[M].武汉：武汉理工大学出版社，2009.

[7]常转琴著.实用英语写作研究[M].北京：中国商务出版社，2019.

[8]车丽娟，贾秀海.商务英语翻译教程[M].北京：对外经济贸易大学出版社，2008.

[9]陈冬花.实用英语写作指导[M].上海：交通大学出版社，2005.

[10]陈建平.法律文本翻译探索[M].杭州：浙江大学出版社，2007.

[11]陈明瑶，卢彩虹.新闻英语语体与翻译研究[M].北京：国防工业出版社，2006.

[12]陈习东著.商务英语写作实务[M].天津：天津大学出版社，2018.

[13]陈晓霞主编；王艺，饶洁，韩凌，解靓副主编.英语写作[M].成都：西南交通大学出版社，2014.

[14]成汹涌.大学生英语写作理论与实践[M].西安：西北工业大学出版社，2007.

[15]崔长青.迎刃而解——英语写作技巧[M].北京：中国书籍出版社，2010.

[16]段云礼.实用商务英语翻译[M].北京：对外经济贸易大学出版社，2009.

[17]法律英语证书（LEC）全国统一考试委员会.法律英语翻译教程[M].北京：中国法制出版社，2009.

[18]樊永仙.英语教学理论探讨与实践应用[M].北京：冶金工业出版社，2009.

[19]范红.英文商务写作教程[M].北京：清华大学出版社，2000.

[20]方梦之，毛忠明.英汉–汉英应用翻译教程[M].上海：上海外语教育出版社，2005.

[21]方梦之.翻译新论与实践[M].青岛：青岛出版社，1999.

[22]冯忠良，伍新春.教育心理学[M].北京：人民教育出版社，2010.

[23]傅敬民.实用商务英语翻译教程[M].上海：华东理工大学出版社，2011.

[24]高煜，唐燕编著.英语写作高分突破120篇[M].北京：旅游教育出版社，2019.

[25]顾雪梁，李同良.应用英语翻译[M].杭州：浙江大学出版社，2009.

[26]郭贵龙，张宏博.广告英语文体与翻译[M].上海：华东师范大学出版社，2008.

[27]韩金龙，朱琳，Barbara Alice Robinson.学术英语写作基础教程[M].广州：华南理工大学出版社，2020.

[28]何光明.新国际商务英语写作[M].上海：上海教育出版社，2011.

[29]何广铿.英语教学法基础[M].广州：暨南大学出版社，2001.

[30]何远秀.英汉常用修辞格对比研究[M].成都：西南交通大学出版社，2011.

[31]何自然.语用学与英语学习[M].上海：上海外语教育出版社，1997.

[32]侯维瑞.英语语体[M].上海：上海外语教育出版社，1998.

[33]胡朝慧著.英语写作[M].武汉：武汉理工大学出版社，2009.

[34]胡曙中.英汉修辞比较研究[M].上海：上海外语教育出版社，1993.

[35]胡天赋.英语修辞与应用写作[M].郑州：河南大学出版社，2005.

[36]胡英坤，车丽娟.商务英语写作[M].北京：外语教学与研究出版社，2005.

[37]胡壮麟.语篇的衔接与连贯[M].上海：上海外语教育出版社，2001.

[38]黄成洲，刘丽芸.英汉翻译技巧[M].西安：西北工业大学出版社，2008.

[39]黄国文.语篇分析概要[M].长沙：湖南教育出版社，2001.

[40]姜涛主编.大学英语写作教学理论与实践[M].长春：吉林出版集团有限责任公司，2009.

[41]康晋编著.英语写作[M].北京：对外经济贸易大学出版社，2008.

[42]雷卿.实用大学英语写作[M].北京：中国地质大学出版社，2006.

[43]李佳.英语文体学理论与实践[M].厦门：厦门大学出版社，2011.

[44]李向武主编.英语写作基础教程[M].成都：西南交通大学出版社，2018.

[45]刘爱英主编.英语写作进阶[M].上海：上海外语教育出版社，2018.

[46]刘电芝.儿童发展与教育心理学[M].北京：人民教育出版社，2006.

[47]刘绍忠等主编.英语写作[M].长沙：湖南人民出版社，2005.

[48]刘爽，李丹莉主编.当代实用英语写作[M].北京：北京航空航天大学出版社，2017.

[49]刘爽，魏承杰主编.当代基础英语写作[M].北京：北京航空航天大学出版社，2017.

[50]刘旭东编著.英语写作[M].南京：南京师范大学出版社，2003.

[51]刘志红主编.旅游实用英语写作[M].北京：中国旅游出版社，2019.

[52]罗莉，杨志伟，卢秀丽主编.学术英语写作 3[M].重庆：重庆大学出版社，2018.

[53]吕璀璀编著.领先大学英语写作[M].青岛：中国海洋大学出版社，2019.

[54]吕煦.实用英语修辞[M].北京：清华大学出版社，2004.

[55]马跃珂.研究生英语写译教程[M].郑州：郑州大学出版社，2007.

[56]聂苇主编.英语写作[M].长春：吉林大学出版社，2012.

[57]潘红.商务英语英汉翻译教程[M].北京：中国商务出版社，2004.

[58]潘琪，曹硕.商务英语写作经典案例详解[M].北京：中国宇航出版社，2009.

[59]秦荻辉.科技英语写作[M].北京：外语教学与研究出版社，2008.

[60]秦秀白.英语语体和文体要略[M].上海：上海外语教育出版社，2002.

[61]尚秀叶.大学英语写作与修辞[M].北京：冶金工业出版社，2009.

[62]施良方.学习论[M].北京：人民教育出版社，1998.

[63]宋雷，张绍全.英汉对比法律语言学[M].北京：北京大学出版社，2010.

[64]谭卫国，蔡龙权.英语法律文本的语言特点与翻译[M].上海：上海交通大学出版社，2008.

[65]陶亚楠，岳进，杨柳，耿泽泓主编.英语写作技巧与实践[M].长春：吉林人民出版社，2019.

[66]田传茂.大学科技英语[M].武汉：湖北长江出版社，湖北科学技术出版社，2007.

[67]涂靖主编；黎芳，邓治，法小虎副主编；王海燕，彭亮，曾怀琳编.大学英语写作教程[M].上海：上海交通大学出版社，2017.

[68]王关富，蒋显璟.实用商务英语写作[M].北京：对外经济贸易大学出版社，2008.

[69]王巍，王津，何晓茵主编.基础英语写作实践[M].长春：吉林大学出版社，2018.

[70]王卫平，潘丽蓉.英语科技文献的语言特点与翻译[M].上海：上海交通大学出版社，2009.

[71]王武兴.英汉语言对比与翻译[M].北京：北京大学出版社，2003.

[72]王燕希.广告英语[M].北京：对外经济贸易大学出版社，2004.

[73]王玉平，郑丹主编.实用英语写作教程[M].黑龙江大学出版社，2018.

[74]魏海波.实用英语翻译[M].武汉：武汉理工大学出版社，2009.

[75]夏廷德，马志波.实用新闻英语翻译[M].北京：对外经济贸易大学出版社，2010.

[76]谢小苑.科技英语翻译技巧与实践[M].北京：国防工业出版社，2010.

[77]徐骊编著.英语写作[M].上海：上海外语教育出版社，1997.

[78]徐明莺，李强.无敌商务英语信函[M].大连：大连理工大学出版社，2010.

[79]严明.应用法律英语写作[M].长春：吉林出版集团有限公司，2010.

[80]严明.应用法律英语写作[M].长春：吉林出版集团有限责任公司，2010.

[81]杨晓斌编著；王立非总主编.商务英语写作[M].北京：对外经济贸易大学出版社，2017.

[82]杨晓华.《英语写作基础》技巧与训练[M].西安：西安电子科技大学出版社，2000.

[83]杨艳主编.实用英语写作 第2版[M].重庆：重庆大学出版社，2017.

[84]杨真洪.现代基础英语翻译与写作教程[M].西安：西北工业大学出版社，2007.

[85]尹小莹，杨润辉.外贸英语函电——商务英语应用文写作[M].西安.西安交通大学出版社，2011.

[86]袁昌寰，王松美编.英语写作[M].北京：今日中国出版社，1993.

[87]袁敬祥，李国辉主编.英语写作[M].武汉：湖北教育出版社，2003.

[88]原传道.实用英语写作技巧[M].郑州：河南人民出版社，2006.

[89]苑铁厂.大学英语写作[M].北京：冶金工业出版社，1997.

[90]张春柏.英汉汉英翻译教程[M].北京：高等教育出版社，2003.

[91]张春兴.教育心理学[M].杭州：浙江教育出版社，2000.

[92]张全.全球化语境下的跨文化翻译研究[M].昆明：云南大学出版社，2010.

[93]张相铭.英语写作技巧[M].青岛：青岛出版社，1994.

[94]张秀云，李玲主编.英语写作[M].青岛：青岛海洋大学出版社，1999.

[95]赵萱，郑仰成.科技英语翻译[M].北京：外语教学与研究出版社，2011.

[96]赵宇主编.实用英语写作教程[M].北京：北京理工大学出版社，2018.

[97]周平，孟小宇.英语实用文体写作[M].合肥：中国科学技术大学出版社，2009.

[98]周学艺.英美报刊导读[M].北京：北京大学出版社，2003.

[99]朱慧萍.商务英语写作[M].北京：首都经贸大学出版社，2008.

[100]朱全明，王依超主编.大学英语写作与翻译[M].苏州：苏州大学出版社，2018.

[101]李静.主位推进模式与英语作文的连贯性[J].基础英语教育，2008，（4）.

[102]吕岩.主位推进模式及其在英语写作教学中的应用[J].四川外语学院学报2009，（2）.

[103]刘红岚.合作学习在英语写作教学中的实践[J].教育探索，2009，（7）.

[104]康木英，关丽娜.建构主义与英语写作教学[J].考试周刊，2011，（29）.

[105]吕晓敏.建构主义视角下的英语写作教学模式设计[J].英语广场，2011，（4）.

[106]蔡兰珍."任务教学法"在大学英语写作中的应用[J].外语界，2001，（4）.

[107]王露华."用体裁法"改进大学英语写作教学[J].苏州大学学报，2005，（3）.

[108]袁平，李俊.体裁教学法与法大学英语读写教学[J].广西青年干部学院学报，2010，（2）.

[109]韩冰.商务英语翻译中状语从句的译法[J].吉林省社会主义学院学报，2009，（4）.

[110]赵成勋.一般现在时在科技英语中的运用[J].宝鸡文理学院学报，1994，（1）.